LA CIENCIA DE LA FELICIDAD

Transforma tu Vida Positivamente Utilizando
Estrategias Efectivas para Lograr la Felicidad
Verdadera

VALENTINE PADILLA

© Copyright 2022 − Valentine Padilla - Todos los derechos reservados.

Este documento está orientado a proporcionar información exacta y confiable con respecto al tema tratado. La publicación se vende con la idea de que el editor no tiene la obligación de prestar servicios oficialmente autorizados o de otro modo calificados. Si es necesario un consejo legal o profesional, se debe consultar con un individuo practicado en la profesión.

- Tomado de una Declaración de Principios que fue aceptada y aprobada por unanimidad por un Comité del Colegio de Abogados de Estados Unidos y un Comité de Editores y Asociaciones.

De ninguna manera es legal reproducir, duplicar o transmitir cualquier parte de este documento en forma electrónica o impresa. La grabación de esta publicación está estrictamente prohibida y no se permite el almacenamiento de este documento a menos que cuente con el permiso por escrito del editor. Todos los derechos reservados.

La información provista en este documento es considerada veraz y coherente, en el sentido de que cualquier responsabilidad, en términos de falta de atención o de otro tipo, por el uso o abuso de cualquier política, proceso o dirección contenida en el mismo, es responsabilidad absoluta y exclusiva del lector receptor. Bajo ninguna circunstancia se responsabilizará legalmente al editor por cualquier reparación, daño o pérdida monetaria como consecuencia de la información contenida en este documento, ya sea directa o indirectamente.

Los autores respectivos poseen todos los derechos de autor que no pertenecen al editor.

La información contenida en este documento se ofrece únicamente con fines informativos, y es universal como tal. La presentación de la información se realiza sin contrato y sin ningún tipo de garantía endosada.

El uso de marcas comerciales en este documento carece de consentimiento, y la publicación de la marca comercial no tiene ni el permiso ni el respaldo del propietario de la misma. Todas las marcas comerciales dentro de este libro se usan solo para fines de aclaración y pertenecen a sus propietarios, quienes no están relacionados con este documento.

Índice

Introducción vii

1. Cómo Se Diferencia La Felicidad De Otros Factores 1
2. La Ciencia De La Felicidad En La Psicología Positiva 15
3. Cómo Detener Los Pensamientos Negativos Y Aumentar La Felicidad 55
4. Cómo Afrontar Los Pensamientos Negativos 67
5. Diez Pensamientos Negativos Que Todos Tenemos Y Sus Remedios 77
6. Siete Poderosas Formas De Eliminar El Pensamiento Negativo 87
7. Cómo Tener Pensamientos Positivos Cuando Te Sientes Negativo 99
8. Cinco Poderosas Formas De Acabar Con Los Pensamientos Negativos Y Conquistar Tu Mente 103
9. Veinte Pequeños Hábitos Te Ayudan A Ser Mentalmente Fuerte 107
10. Consejos Prácticos Para Ser Más Feliz 119

Conclusión 165

Introducción

¿Qué es la felicidad?

Parece una pregunta extraña, pero ¿lo es? ¿Sabes cómo definir la felicidad? ¿Crees que la felicidad es lo mismo para ti que para los demás?

¿Qué sentido tiene todo esto? ¿Acaso supone una diferencia en nuestras vidas?

De hecho, la felicidad desempeña un papel muy importante en nuestras vidas, y puede tener un gran impacto en la forma en que vivimos. Aunque los investigadores aún no han establecido una definición o un marco acordado para la felicidad, es mucho lo que hemos aprendido en las últimas décadas.

Este libro se adentra en la ciencia de la felicidad, lo que realmente es y por qué es importante.

Introducción

En primer lugar, veamos la definición de felicidad, para que todos estemos de acuerdo. La definición de "felicidad" del Oxford English Dictionary es un poco más útil: "Sentir o mostrar placer o satisfacción".

Así está mejor. Así pues, la felicidad es el estado de sentir o mostrar placer o satisfacción. De esta definición podemos extraer algunos puntos importantes sobre la felicidad:

- La felicidad es un estado, no un rasgo; no es un rasgo duradero y permanente de la personalidad, sino un estado más fugaz y cambiante.
- La felicidad se equipara a la sensación de placer o satisfacción, lo que significa que la felicidad no debe confundirse con el éxtasis, la dicha u otros sentimientos más intensos.
- La felicidad puede ser un sentimiento o una muestra, lo que significa que la felicidad no es necesariamente una experiencia interna o externa, sino que puede ser ambas.

Ahora sabemos mejor qué es la felicidad, o al menos, cómo la define el Oxford English Dictionary. Sin embargo, esta definición no es la definición definitiva de la felicidad.

De hecho, la definición de felicidad no es un debate "resuelto".

¿Qué significa la felicidad en la psicología positiva?

Introducción

El significado de la felicidad en la psicología positiva depende realmente de a quién se le pregunte.

En la investigación de la psicología positiva, la felicidad se conoce a menudo con otro nombre: bienestar subjetivo o SWB.

Algunos creen que la felicidad es uno de los componentes principales del SWB, mientras que otros creen que la felicidad es el SWB. En cualquier caso, a menudo se utiliza el SWB como abreviatura de la felicidad en la literatura.

Y hablando de la literatura, encontrará referencias al SWB en todas partes. Una rápida búsqueda en Google de la palabra "felicidad" ofrece más de 2 millones de resultados seis años antes.

Además, una exploración del mismo término en dos de las mayores bases de datos en línea de psicología (PsycINFO y PsycARTICLES) devuelve 19.139 resultados de revistas académicas y de otro tipo, libros, disertaciones y más.

¿Es difícil de definir científicamente? Con tantas opiniones sobre la felicidad, no es de extrañar que sea un poco difícil definirla científicamente; ciertamente hay desacuerdo sobre qué es exactamente la felicidad.

Según los investigadores Chu Kim Prieto, Ed Diener y sus colegas, hay cinco formas principales en que se ha abordado la felicidad en la psicología positiva:

Introducción

1. La felicidad como valoración global de la vida y de todas sus facetas.

2. La felicidad como recuerdo de experiencias emocionales pasadas.

3. La felicidad como una agregación de múltiples reacciones emocionales a lo largo del tiempo.

4. Sea positivo. He aquí una pregunta rápida. ¿Preferirías pasar tiempo con alguien deprimido o con alguien optimista? Barbara Fredrickson, psicóloga de la Universidad de Carolina del Norte, respalda lo evidente al afirmar, en Psychology Today, que las emociones positivas nos ayudan a "ampliar y construir" relaciones.

5. Sé feliz contigo mismo. Puede que ya hayas oído esto antes, y hay una razón para ello: sigue siendo el mejor punto de partida. Tus relaciones con el exterior fracasarán si no tienes amor incondicional y compasión por ti mismo.

Aunque todos están de acuerdo en lo que se siente al ser feliz -estar satisfecho con la vida, de buen humor, sentir emociones positivas, disfrutar, etc.-, los investigadores han encontrado difícil ponerse de acuerdo sobre la felicidad.

Sin embargo, para nuestros propósitos en este artículo, es suficiente con trabajar a partir de una definición básica que combina la definición del OED con la de los psicólogos positivos: la felicidad es un estado caracterizado por el contento y la satisfacción general con la situación actual.

Los pensamientos negativos nos limitan mucho más de lo que pensamos: cambian nuestro estado de ánimo, nos condicionan y drenan nuestra energía.

Introducción

Los que tenía a diario me impedían no sólo disfrutar de las experiencias de la vida, sino que drenaban mi energía y me distraían de centrarme en lo que era importante en mi vida.

Cuando te encuentres atrapado en una perspectiva pesimista o experimentes negatividad, busca formas de reformular tus pensamientos de una manera más positiva.

Las personas tienen un sesgo natural de negatividad, o una tendencia a prestar más atención a las cosas malas que a las buenas. Esto puede afectar a todo, desde la forma de decidir hasta la manera de formarse impresiones sobre otras personas. Descartar lo positivo -una distorsión cognitiva en la que la gente se centra en lo negativo e ignora lo positivo- también puede contribuir a los pensamientos negativos.

Reencuadrar estas percepciones negativas no consiste en ignorar lo malo. Por el contrario, significa intentar adoptar una visión más equilibrada y realista de los acontecimientos. Te permite notar un patrón en tu pensamiento y luego desafiar los pensamientos negativos.

La ciencia de la felicidad demuestra que tienes el poder de cambiar tus pensamientos. La ciencia de la felicidad nos dice que sustancias químicas neurológicas como las endorfinas, la dopamina, la serotonina y la oxitocina hacen que las personas se sientan más o menos felices en la vida.

Introducción

Nuestro circuito cerebral está diseñado para apoyar estos esfuerzos liberando sustancias químicas en nuestro cerebro y cuerpo que nos hacen sentir bien.

Mi razón última para escribir este libro es ayudar a la gente a comprender la importancia de aprovechar su vida al máximo viviendo con placer, sintiéndose bien, contento y feliz. Y si este libro puede hacer eso incluso para una persona, se cumple mi propósito de escribir este libro.

Espero que usted sea la persona adecuada.

1

Cómo Se Diferencia La Felicidad De Otros Factores

Hay muchos otros factores que difieren de la felicidad y algunos de ellos son:

Placer vs. felicidad. Dada la estrecha relación que existe entre el placer y la felicidad, cabe preguntarse cómo diferenciarlos. Al fin y al cabo, la definición del OED de felicidad la describe como un estado de sensación de placer.

La asociación entre los dos tiene sentido, y es común escuchar las dos palabras usadas indistintamente fuera de la literatura; sin embargo, cuando se trata de la ciencia de la psicología positiva, es importante distinguir entre los dos. La felicidad, como hemos descrito anteriormente, es un estado caracterizado por sentimientos de alegría y satisfacción. El placer es una experiencia más visceral, en el momento. A menudo se refiere a los sentimientos basados en los sentidos que obtenemos de experiencias como comer bien, recibir un mensaje, recibir un cumplido o tener relaciones sexuales.

. . .

La felicidad, aunque no es un estado permanente, es un estado más estable que el placer. La felicidad se mantiene durante más tiempo que unos pocos momentos a la vez, mientras que el placer puede ir y venir en segundos.

El placer puede contribuir a la felicidad, y la felicidad puede aumentar o profundizar los sentimientos de placer, pero ambos pueden ser completamente excluyentes. Por ejemplo, puedes sentir una sensación de felicidad basada en el significado y el compromiso que no tiene nada que ver con el placer, o podrías sentir placer pero también luchar con la culpa por ello, impidiendo que te sientas feliz al mismo tiempo.

La felicidad frente al significado. La felicidad y el significado tienen una línea aún más definida entre ambos. Rara vez se confunden o se utilizan indistintamente la felicidad y el significado, y por una buena razón: describen dos experiencias muy diferentes.

Puede que los humanos se parezcan a muchas otras criaturas en su lucha por la felicidad, pero la búsqueda de sentido es una parte clave de lo que nos hace humanos, y de forma única.

A diferencia de la felicidad, el significado no es un estado efímero que va a la deriva a lo largo del día; es un sentido más amplio del propósito y el sentimiento de contribuir a algo más grande que uno mismo.

Existen importantes distinciones entre los métodos de búsqueda y los beneficios de experimentar la felicidad y el significado.

Encontrar la vida fácil o difícil está relacionado con la felicidad, pero no con el sentido.

Sentirse sano estaba relacionado con la felicidad, pero no con el significado.

Sentirse bien estaba relacionado con la felicidad, no con el significado.

La escasez de dinero redujo la felicidad más que el sentido.

Las personas con vidas más significativas coincidieron en que las relaciones son más importantes que los logros.

Ayudar a las personas necesitadas está relacionado con el significado, pero no con la felicidad.

· · ·

La expectativa de realizar muchas reflexiones profundas se relacionó positivamente con la significatividad, pero negativamente con la felicidad.

La felicidad estaba más relacionada con ser un tomador que un dador, mientras que el significado estaba más relacionado con ser un dador que un tomador.

Cuanto más consideraban las personas que sus actividades eran coherentes con los temas y valores de su persona, mayor era el significado que declaraban tener en sus actividades.

Verse a sí mismo como sabio, creativo e incluso ansioso estaba relacionado con el significado pero no tenía ninguna relación (y a veces, incluso mostraba una relación negativa) con la felicidad.

Básicamente, aunque los dos se superponen y cada uno puede contribuir a la experiencia del otro, los dos pueden ser mutuamente excluyentes.

Los orígenes y la etimología de la felicidad. Según Etymology, en línea, la palabra "feliz" en la mayoría de los idiomas proviene de la palabra "suerte".

. . .

Esto sugiere una tendencia interesante: ¿quizás nuestros antepasados creían que la felicidad era en gran medida un subproducto de la suerte?

También señala una diferencia de opinión generalizada entre las generaciones anteriores y nuestras propias generaciones de los siglos XX y XXI: que la felicidad no era un factor vital en una buena vida, sino esencialmente un extra que algunos individuos afortunados llegaban a experimentar.

Esto es lo que escriben los autores sobre los orígenes y las raíces de la palabra "felicidad". "Es un hecho sorprendente que en todas las lenguas indoeuropeas, sin excepción, remontándose hasta el griego antiguo, la palabra para felicidad es un cognado de la palabra para suerte. Hap es la raíz de felicidad en nórdico antiguo y en inglés antiguo, y sólo significa suerte o azar, al igual que el heredero francés antiguo, que nos da bonheur buena fortuna o felicidad. El alemán nos da la palabra Gluck, que hasta hoy significa tanto felicidad como azar".

¿Qué significa la autofelicidad? Aunque el término no se utiliza muy a menudo, "autofelicidad" se refiere a una sensación de felicidad o satisfacción con uno mismo. A menudo se asocia con la confianza en uno mismo, la autoestima y otros conceptos que relacionan "el yo" con el hecho de sentirse contento y feliz.

Significa que estás satisfecho contigo mismo y con tus decisiones, y con la persona que eres.

La psicología detrás de la felicidad humana. Ahora que sabemos qué es la felicidad, vamos a profundizar un poco más. ¿Qué nos dice la psicología sobre la felicidad?

Hay muchas teorías sobre la felicidad, pero se clasifican en una de las dos categorías en función de cómo conceptualizan la felicidad:

La felicidad/el bienestar hedónico es la felicidad conceptualizada como la experimentación de más placer y menos dolor; está compuesta por un componente afectivo (alto afecto positivo y bajo afecto negativo) y un componente cognitivo (satisfacción con la propia vida).

La felicidad/bienestar eudaimónico conceptualiza la felicidad como el resultado de la búsqueda y la consecución del propósito de la vida, el significado, el desafío y el crecimiento personal; la felicidad se basa en alcanzar el pleno potencial de uno y funcionar a pleno rendimiento.

Algunas teorías consideran que la felicidad es un subproducto de otros objetivos más importantes de la vida, mientras que otras consideran que la felicidad es el objetivo final de los seres humanos.

. . .

Algunas teorías afirman que perseguir la felicidad no tiene sentido (aunque perseguir otras experiencias y sentimientos importantes puede contribuir a una mayor felicidad), y otras asumen que la felicidad puede aumentarse o mejorarse a propósito.

Aunque difieren en los detalles, estas teorías coinciden en algunos puntos:
Es bueno ser feliz, y a la gente le gusta serlo.

La felicidad no es una experiencia totalmente fugaz ni un rasgo a largo plazo.

Al menos una parte de nuestra felicidad viene determinada por nuestra genética, pero la cantidad varía entre un 10% y un 50%.

La búsqueda y la consecución del placer rara vez conducen a la felicidad;

Hay muchas fuentes que contribuyen o componen la felicidad. ¿Qué fuentes crean la verdadera felicidad personal? Si tenemos en cuenta todas las teorías y descubrimientos sobre la felicidad, sabemos que hay al menos unos cuantos factores que son muy importantes para la felicidad general:

Ingresos individuales.
Mercado de trabajo. Salud física.
La familia.
Relaciones sociales.
Valores morales.
Experiencia de emociones positivas.

Todos estos factores pueden contribuir a una vida feliz, pero la investigación ha descubierto que las buenas relaciones son un ingrediente vital.

Cuando somos felices en nuestras relaciones más importantes (normalmente nuestro cónyuge o así, nuestros hijos y/o pareja, nuestros hijos y/o nuestros padres, otros familiares cercanos y nuestros amigos más íntimos), somos más felices.

Tenemos cierto control sobre cómo van nuestras relaciones, así que eso nos lleva a una pregunta interesante e importante: ¿podemos aumentar nuestra propia felicidad?

¿Se puede aprender a ser feliz? Las respuestas de muchos estudios son un sí rotundo: se puede aprender a ser más feliz.

. . .

El grado en el que puedes aumentar tu felicidad variará mucho según la teoría a la que te adhieras, pero no hay teorías creíbles que no permitan absolutamente ninguna mejora individual. Para mejorar tu felicidad en general, el método más eficaz es observar la lista de fuentes anterior y trabajar para mejorar la calidad de tus experiencias en cada una de ellas.

Por ejemplo, puedes trabajar para conseguir un salario más alto (aunque un salario más alto sólo funcionará hasta 75.000 dólares al año), mejorar tu salud, trabajar para desarrollar y mantener relaciones de alta calidad y, en general, incorporar más sentimientos positivos a tu vida diaria. Esto supone un acceso básico a la seguridad y a la igualdad social.

8 EJEMPLOS QUE DESCRIBEN CÓMO ES UNA VIDA FELIZ

Teniendo en cuenta nuestras definiciones, ¿qué aspecto tiene una vida feliz?

Por supuesto, su aspecto dependerá de cada persona: una vida feliz para una persona puede ser la pesadilla de otra.

. . .

Sin embargo, hay algunos ejemplos que pueden mostrar una amplia gama de vidas que pueden conducir a la felicidad:

- Una mujer que vive sola, tiene una excelente relación con sus sobrinos, hace donaciones a la caridad y encuentra sentido a su trabajo.
- Un hombre felizmente casado, con tres hijos sanos y un trabajo relativamente mal pagado.
- Una viuda que disfruta de las visitas periódicas con sus hijos, junto con el voluntariado para las organizaciones benéficas locales.
- Un paciente de cáncer que tiene un maravilloso sistema de apoyo y que encuentra sentido en ayudar a otros a superar la quimioterapia.
- Una trabajadora social que trabaja 70 horas semanales sin cobrar horas extras, para asegurarse de que los niños de sus casos están en buenas manos.
- Un hombre soltero en un monasterio que no tiene posesiones terrenales ni salario alguno, pero que encuentra sentido en la comunión con su Dios.
- Un adolescente en un hogar de acogida que tiene varios amigos íntimos y disfruta jugando al fútbol en el equipo de su colegio.
- Un hombre que vive con varias mascotas, disfruta de un salario alto y ama su trabajo.

Cada una de ellas se ha extraído de ejemplos del mundo real de personas que son felices. Puede parecer que no lo tienen todo, pero todos tienen al menos un ingrediente de la lista de fuentes mencionadas anteriormente.

No necesitamos tener todo lo que queremos para ser felices; la verdadera felicidad se consigue encontrando la alegría en lo que ya tenemos, por mucho o poco que parezca.

¿Cuáles son algunas visiones que asocias con la felicidad?

¿Hay alguna similitud con estos sueños?

¿Por qué es tan importante la felicidad? Te preguntarás por qué la felicidad se considera un aspecto tan importante de la vida, ya que hay muchos componentes de una vida con sentido.

En algunos aspectos, la ciencia estaría de acuerdo con usted. La satisfacción vital, el significado y el bienestar pueden estar relacionados con la felicidad, pero ésta no es necesariamente el objetivo general de la vida para todos. Sigue siendo importante porque tiene algunos beneficios innegables y factores concurrentes.

. . .

He aquí 14 respuestas a la pregunta: "¿Qué tiene de bueno la felicidad?"

- Las personas felices tienen más éxito en múltiples ámbitos de la vida, como el matrimonio, la amistad, los ingresos, el rendimiento laboral y la salud.
- Las personas felices enferman con menos frecuencia y experimentan menos síntomas cuando enferman.
- Las personas felices tienen más amigos y un mejor sistema de apoyo.
- La gente feliz dona más a la caridad (y dar dinero a la caridad también te hace feliz).
- Las personas felices son más serviciales y tienen más probabilidades de ser voluntarios, lo que también te hace más feliz.
- Las personas felices tienen más facilidad para navegar por la vida, ya que el optimismo alivia el dolor, la tristeza y la pena.
- Las personas felices ejercen una influencia positiva en los demás y les animan a buscar también la felicidad, lo que puede actuar como refuerzo.
- Las personas felices entablan conversaciones más profundas y significativas.
- Las personas felices sonríen más, lo que es beneficioso para su salud. 10. Las personas felices hacen más ejercicio y comen de forma más saludable.

- Las personas felices están contentas con lo que tienen en lugar de estar celosas de los demás.
- Las personas felices son más sanas en general y tienen más probabilidades de serlo en el futuro.
- Las personas felices viven más tiempo que las que no son tan felices.
- Las personas felices son más productivas y más creativas, y este efecto se extiende a todos los que experimentan emociones positivas.

La relación entre la salud mental y la felicidad. Como probablemente pueda suponer por la lista anterior, existe una fuerte relación entre la salud mental y la felicidad. Cuando las personas felices son más sanas, tienen mejores relaciones, hacen amigos con más facilidad y encuentran más éxito en la vida, es fácil ver por qué la felicidad y la salud mental están relacionadas.

Las fuentes que contribuyen a la felicidad son las mismas que proporcionan a las personas un amortiguador o protección contra las enfermedades mentales, lo que explica la estrecha relación entre ambas.

Un estudio reciente exploró la asociación entre la felicidad y la salud mental de los estudiantes universitarios y descubrió que una correlación relativamente fuerte y positiva conecta ambos factores.

Esta correlación se mantuvo incluso cuando se añadieron a la mezcla variables de género y sociodemográficas.

El estrecho vínculo entre la salud mental y la felicidad es razón suficiente para que la felicidad sea una prioridad importante para padres, educadores, investigadores y profesionales de la medicina, además del simple hecho de que a todos nos gusta sentirnos felices.

2

La Ciencia De La Felicidad En La Psicología Positiva

La felicidad ha sido una búsqueda humana desde que tenemos memoria, y la psicología positiva ha llevado este concepto al ámbito de la investigación científica con la esperanza de obtener una mejor comprensión del bienestar global y la vida significativa.

Ya sea a nivel global o individual, la búsqueda de la felicidad está ganando adeptos y reconocimiento científico.

Hay muchas definiciones de felicidad, y también las exploraremos en este libro. Por ahora, te invitamos a pensar en un momento en el que fuiste feliz. ¿Estabas solo? ¿Adentro? O fuera.

Al final de este capítulo, revisa ese recuerdo.

. . .

Puede que tengas una nueva visión de lo que hizo que ese momento fuera "feliz", así como consejos para entrenar tu cerebro hacia una mayor felicidad.

Una definición de la felicidad. En general, la felicidad se entiende como las emociones de actividades placenteras que tenemos con respecto a nuestra vida diaria.

El placer, el confort, la gratitud, la esperanza y la inspiración son ejemplos de emociones positivas que aumentan nuestra felicidad y nos impulsan a florecer. En la literatura científica, la felicidad se denomina hedonia, emociones positivas y ausencia de emociones negativas.

En una comprensión más amplia, el bienestar humano se compone de principios hedónicos y eudaimónicos, cuya literatura es muy amplia y describe nuestro sentido personal y el propósito de la vida.

La investigación sobre la felicidad a lo largo de los años ha descubierto que hay algunos factores correlativos que afectan a nuestra felicidad. Entre ellos se encuentran:
1. Tipo personal.
2. Emociones positivas frente a emociones negativas.
3. Actitud hacia la salud física.
4. Clase social y riqueza.
5. Apego y relación.

6. Objetivos y autoeficacia.
7. Hora y lugar.

También hay una investigación reciente realizada por la profesora adjunta de la Universidad de Swansea Katherine Nelson-Coffey, que ha demostrado que realizar actos de bondad puede tener poderosos efectos en nuestro bienestar subjetivo y felicidad general.

Una mirada a la ciencia de la felicidad. Entonces, ¿qué es la "Ciencia de la Felicidad"?

Esta es una de esas veces en las que algo es exactamente lo que parece: se trata de la ciencia que hay detrás, de lo que es la felicidad y de cómo experimentarla, de lo que las personas felices hacen de forma diferente y de lo que podemos hacer para sentirnos más felices.

Este enfoque en la felicidad es nuevo en el campo de la psicología; durante muchas décadas - básicamente desde la fundación de la psicología como ciencia a mediados o finales de los años 1800- el enfoque estaba en lo menos agradable de la vida. El campo se centraba en la patología, en los casos de peor escenario, en lo que puede ir mal en nuestras vidas.

. . .

Aunque se prestó cierta atención al bienestar, el éxito y el alto funcionamiento, la gran mayoría de la financiación y la investigación se dedicó a los que más luchaban: los que padecían enfermedades mentales graves, trastornos mentales o los que habían sobrevivido a traumas y tragedias.

Aunque ciertamente no hay nada malo en hacer lo que podamos para elevar a los que tienen dificultades, hubo una desafortunada falta de conocimiento sobre lo que podemos hacer para llevarnos a todos a un nivel superior de funcionamiento y felicidad.

La psicología positiva cambió todo eso. De repente, había espacio en la mesa para centrarse en lo positivo de la vida, en "qué pensamientos, acciones y comportamientos nos hacen más productivos en el trabajo, más felices en nuestras relaciones y más realizados".

La ciencia de la felicidad nos ha abierto los ojos a una plétora de nuevos hallazgos sobre el lado soleado de la vida.

Investigaciones y estudios actuales. Por ejemplo, hemos aprendido mucho sobre qué es la felicidad y qué nos impulsa. Estudios recientes nos han demostrado que:

El dinero sólo puede comprar la felicidad hasta unos 75.000 dólares; después, no tiene ningún efecto significativo en nuestro bienestar emocional.

La mayor parte de nuestra felicidad no viene determinada por nuestra genética, sino por nuestras experiencias y nuestro día a día.

Intentar buscar la felicidad con demasiado ahínco suele tener el efecto contrario y puede llevarnos a ser demasiado egoístas. Buscar la felicidad a través de medios sociales (por ejemplo, pasando más tiempo con la familia y los amigos) tiene más probabilidades de ser eficaz que otros métodos.

La búsqueda de la felicidad es uno de los aspectos en los que deberíamos considerar la posibilidad de abandonar los objetivos inteligentes; puede ser más eficaz perseguir objetivos de felicidad "vagos" que otros más específicos.

La felicidad nos hace mejores ciudadanos: es un buen predictor del compromiso cívico en la transición a la edad adulta.

La felicidad conduce al éxito profesional, y no tiene por qué ser una felicidad "natural": los investigadores descubrieron que "potenciar experimentalmente" las emociones positivas también contribuía a mejorar los resultados en el trabajo.

Existe una relación lineal entre la participación religiosa y la felicidad.

Una mayor asistencia a los servicios de culto se correlaciona con un mayor compromiso con la fe se relaciona con una mayor compasión. Los individuos más compasivos son más propensos a proporcionar apoyo emocional a otros, y los que proporcionan apoyo emocional a otros son más propensos a ser felices. Es un camino largo, pero directo.

La investigación científica sobre la felicidad en el trabajo. Se ha investigado mucho sobre los efectos de la felicidad en el trabajo. Gran parte de esto está impulsado por las empresas que quieren mejorar la productividad, atraer nuevos talentos y obtener una dosis de buena publicidad, todo al mismo tiempo. Al fin y al cabo, ¿quién no querría hacer negocios y/o trabajar para una empresa llena de empleados felices?

Aunque todavía no se sabe exactamente cómo deberían ser de felices los empleados para conseguir la máxima productividad, eficiencia y salud, hemos aprendido algunas cosas sobre los efectos de una plantilla feliz:

Las personas que están contentas con su trabajo son menos propensas a dejarlo, menos propensas a ausentarse y menos propensas a tener comportamientos contraproducentes en el trabajo.

Las personas que están contentas con su trabajo tienen más probabilidades de adoptar un comportamiento que contribuya a una organización feliz y productiva, más probabilidades de estar físicamente sanas y más probabilidades de estar mentalmente sanas.

La felicidad y el rendimiento laboral están relacionados, y es probable que la relación funcione en ambas direcciones (por ejemplo, las personas felices hacen un mejor trabajo y las que hacen un buen trabajo tienen más probabilidades de ser felices).

La felicidad a nivel de unidad o de equipo también está vinculada a resultados positivos, como una mayor satisfacción de los clientes, beneficios, productividad, rotación de empleados y un entorno de trabajo más seguro.

Una organización más feliz es una organización más productiva y exitosa.

Para resumir los resultados que tenemos hasta ahora, es fácil ver que la felicidad en el trabajo es importante, tanto para los individuos como para los equipos y las organizaciones en general. No tenemos todas las respuestas sobre cómo funciona exactamente la relación entre la felicidad y la productividad, pero sabemos que existe una relación.

Últimamente, muchos directores de recursos humanos, ejecutivos y otros líderes organizativos han decidido que saber que existe una relación es prueba suficiente para establecer prácticas de fomento de la felicidad en el trabajo, lo que significa que tenemos muchas oportunidades de ver el impacto de una mayor felicidad en el trabajo en el futuro.

17 datos y descubrimientos interesantes. La investigación en este campo está en pleno auge y no dejan de aparecer nuevos hallazgos. He aquí algunos de los hechos y descubrimientos más interesantes hasta la fecha:

- La felicidad está vinculada a una menor frecuencia cardíaca y presión arterial, así como a una variabilidad más saludable del ritmo cardíaco.
- La felicidad también puede actuar como una barrera entre tú y los gérmenes: las personas más felices son menos propensas a enfermar. 3. Las personas que son más felices gozan de una mayor protección contra el estrés y liberan menos cortisol, la hormona del estrés.
- Las personas felices experimentan menos dolores y molestias, como mareos, tensiones musculares y ardor de estómago.
- La felicidad actúa como factor de protección en la enfermedad y la discapacidad.
- Los que son más felices viven significativamente más tiempo que los que no lo son.
- La felicidad refuerza nuestro sistema inmunitario, lo que puede ayudarnos a combatir y rechazar el resfriado común.

- Las personas felices hacen más felices a los demás, y viceversa: los que hacen el bien se sienten bien.
- Una parte de nuestra felicidad está determinada por nuestra genética (pero todavía hay mucho espacio para los ajustes de actitud y los ejercicios para aumentar la felicidad).
- Oler aromas florales como las rosas puede hacernos más felices.
- Los que cobran por hora pueden ser más felices que los que tienen un salario (sin embargo, estos resultados son limitados, así que tómenlos con un grano de sal).
- Las relaciones son mucho más propicias para una vida feliz que el dinero.
- Las personas más felices llevan colores brillantes; no se sabe en qué sentido funciona la relación, pero no está de más ponerse algunos tonos más brillantes de vez en cuando, por si acaso.
- La felicidad puede ayudar a las personas a sobrellevar mejor la artritis y el dolor crónico.
- Estar al aire libre -especialmente cerca del agua- puede hacernos más felices.
- Las vacaciones pueden ser una época estresante, incluso para los más felices: alrededor del 44% de las mujeres y el 31% de los hombres sufren la "depresión navideña".
- La felicidad es contagiosa. Cuando pasamos tiempo rodeados de gente feliz, es probable que nosotros también recibamos un impulso de felicidad.

Aquí está la fuente de los seis primeros hechos y conclusiones, así como de los últimos.

Un estudio que demuestra que los actos de bondad nos hacen más felices. ¿Te sientes estresado después de un largo día de trabajo? Date un baño de burbujas. ¿Te sientes triste?

Regálate un postre decadente. ¿Te sientes frustrado después de una discusión con un amigo? Sáltate el entrenamiento y cómete una bola extra de helado.

El mensaje es claro: si quieres sentirte feliz, céntrate en tus propios deseos y anhelos. Sin embargo, este no es el consejo que muchas personas han escuchado durante su infancia.

De hecho, la mayoría de las religiones del mundo han sugerido durante mucho tiempo que las personas deben centrarse primero en los demás y luego en sí mismas.

Los psicólogos se refieren a este comportamiento como conducta pro social y muchos estudios recientes han demostrado que cuando las personas tienen un enfoque pro social, haciendo actos amables por los demás, su propia felicidad aumenta.

. . .

Pero, ¿cómo se compara el comportamiento prosocial con el hecho de tratarse a sí mismo en términos de felicidad? ¿Y el hecho de tratarse a sí mismo realmente le hace sentirse feliz?

El estudio. Los participantes se dividieron en cuatro grupos y recibieron nuevas instrucciones cada semana durante cuatro semanas.

A un grupo se le indicó que realizara actos de bondad al azar para sí mismo (como ir de compras o disfrutar de un pasatiempo favorito); al segundo grupo se le indicó que realizara actos de bondad para los demás (como visitar a un pariente anciano o ayudar a alguien a llevar la compra); al tercer grupo se le indicó que realizara actos de bondad para mejorar el mundo (como reciclar o donar a organizaciones benéficas); al cuarto grupo se le indicó que llevara un registro de sus actividades diarias.

Cada semana, los participantes informaron de sus actividades de la semana anterior, así como de su experiencia de emociones positivas y negativas.

Al principio, al final y de nuevo dos semanas después del periodo de cuatro semanas, los participantes completaron un cuestionario para evaluar su florecimiento psicológico.

. . .

Como medida de la felicidad general, el cuestionario incluía preguntas sobre el bienestar psicológico, social y emocional.

Los resultados.

Sólo los participantes que tenían un comportamiento prosocial mostraron en el estudio mejoras en el florecimiento psicológico.

Los participantes que practicaron un comportamiento prosocial mostraron un aumento de las emociones positivas de una semana a otra. Estos aumentos de sentimientos como la felicidad, la alegría y el disfrute predijeron el aumento del bienestar psicológico al final del estudio. Las emociones positivas parecen haber sido un ingrediente crítico que vincula el comportamiento prosocial con el aumento del bienestar.

¿Pero qué pasa con las personas que se trataron a sí mismas?

No mostraron los mismos incrementos en las emociones positivas o el florecimiento psicológico que los que realizaron actos de bondad.

. . .

De hecho, las personas que se trataron a sí mismas no difirieron en cuanto a emociones positivas, emociones negativas o florecimiento psicológico a lo largo del estudio, en comparación con las que se limitaron a llevar un registro de sus actividades diarias.

Esta investigación no dice que no debamos tratarnos a nosotros mismos, mostrarnos amor propio cuando lo necesitamos o disfrutar de nuestra relajación cuando la tenemos.

Sin embargo, los resultados sugieren firmemente que es más probable que alcancemos mayores niveles de felicidad cuando mostramos un comportamiento prosocial y mostramos amabilidad a los demás con nuestras acciones.

La búsqueda global de la felicidad. En los círculos económicos mundiales, Richard Easterlin investigó la relación entre el dinero y el bienestar. La paradoja de Easterlin - "el dinero no compra la felicidad" - desencadenó una nueva ola de pensamiento sobre la riqueza y el bienestar.

En 1972, Bután adoptó una política de felicidad en lugar de centrarse en el crecimiento económico a través de su producto interior bruto (PIB). Desde entonces, esta pequeña nación se encuentra entre las más felices y se sitúa entre las naciones con una riqueza muy superior.

. . .

Cada vez más organizaciones y naciones mundiales son conscientes y apoyan la importancia de la felicidad en el mundo actual. Esto ha llevado a las Naciones Unidas a invitar a las naciones a participar en una encuesta sobre la felicidad, lo que ha dado como resultado el "Informe Mundial sobre la Felicidad", una base desde la que dirigir las políticas públicas. Conozca el Informe Mundial sobre la Felicidad de 2016.

Las Naciones Unidas también establecieron el Día Mundial de la Felicidad, el 20 de marzo, como resultado de los esfuerzos del Reino de Bután y su iniciativa de Felicidad Nacional Bruta.

Organizaciones como la New Economic Foundation están desempeñando un papel influyente como grupo de reflexión económica que se centra en dirigir la política económica y el desarrollo para mejorar el bienestar humano.

Ruut Veenhoven, una autoridad mundial en el estudio científico de la felicidad, fue una de las fuentes de inspiración para que las Naciones Unidas adoptaran medidas de felicidad. Veenhoven es miembro fundador de la Base de Datos Mundial de la Felicidad, que es un completo repositorio científico de medidas de felicidad en todo el mundo.

. . .

El objetivo de esta organización es proporcionar una recopilación coordinada de datos, con una interpretación común según una teoría, un modelo y un cuerpo de investigación sobre la felicidad validados científicamente.

Los habitantes de Okinawa (Japón), una de las "zonas azules" del mundo donde la gente vive vidas extraordinariamente largas, no tienen una palabra para referirse a la jubilación. En su lugar, utilizan "Ikigai", que se traduce como "la razón por la que te levantas de la cama por la mañana".

El trabajo -incluido el voluntariado- a menudo lo satisface para nosotros.

Hawaii ha vuelto a encabezar el Índice Nacional de Salud y Bienestar de Gallup como el estado más sano y feliz de los Estados Unidos de América. Sus residentes disfrutan de relaciones cálidas, les gusta lo que hacen cada día, aman su entorno y se sienten inspirados para tratar bien a sus cuerpos.

En cuanto a las ciudades más felices, los ganadores más frecuentes son Naples, Florida: Boulder (Colorado) y Provo (Utah).

. . .

Medidas de la felicidad. Se puede preguntar: ¿Es posible medir la felicidad? Muchos psicólogos han dedicado su carrera a responder a esta pregunta, y la respuesta es sí.

La felicidad puede medirse por estos tres factores: la presencia de emociones positivas, la ausencia de emociones negativas y la satisfacción vital. Se trata de una experiencia exclusivamente subjetiva, por lo que nadie es mejor para informar sobre la felicidad de alguien que los propios individuos.

Por ello, las escalas, las medidas de autoinforme y los cuestionarios son los formatos más habituales para medir la felicidad. Los ejemplos más reconocidos son:
    El **PANAS** (Positive Affect and Negative Affect Schedule).

La escala de satisfacción con la vida (SWLS).

La escala de felicidad subjetiva (SHS).

Sin embargo, hay muchos instrumentos disponibles para medir la felicidad que han demostrado ser fiables y válidos.

. . .

Cuatro cualidades de la vida: Un estudio de caso sobre la felicidad en Sudáfrica. Otra medida de la felicidad fue desarrollada por Ruut Veenhoven. Construyó el modelo de las Cuatro Cualidades de la Vida, que posiciona y describe el constructo de la felicidad en varias dimensiones.

De las cuatro dimensiones, la satisfacción es nuestra medida personal y subjetiva de la felicidad tal y como interpretamos la vida. La investigación global de Veenhoven sobre la felicidad sugiere que ésta es posible para muchos. Este es un resumen de sus cuatro cualidades:

- Oportunidades de vida
- Habitabilidad del entorno
- Resultados de la vida
- Utilidad de la vida

Utilizando las cuatro cualidades de Veenhoven, es posible evaluar la felicidad de cualquier país. En este estudio de caso, utilizaremos el ejemplo de Sudáfrica.

Habitabilidad del entorno. Esta dimensión incluye factores como la ley, la libertad, la escolarización y el empleo. Es una medida de cómo un entorno satisface lo que Maslow propuso como nuestras necesidades básicas (seguridad, cobijo y alimentación).

. . .

En Sudáfrica, sigue habiendo una escasez crónica de vivienda, suministro de agua y escolarización adecuada. Desde hace algún tiempo, Sudáfrica está plagada de "disturbios por la prestación de servicios".

La corrupción muestra una fuerte correlación negativa (-0,69) con la felicidad en la investigación de Veenhoven y, lamentablemente, Sudáfrica está plagada de un alto nivel de corrupción y mala administración.

Capacidad vital de los individuos. La capacidad de los individuos para enfrentarse a la vida es importante; tanto la salud mental como la física se identifican como factores importantes, junto con los valores sociales de solidaridad, tolerancia y amor.

En Sudáfrica, la brecha racial se está ampliando, ya que se utiliza como motivación política para ejercer el poder en detrimento del individuo medio. La delincuencia violenta, la intolerancia y la pobreza también amenazan la presencia del amor y la compasión por el otro.

Utilidad de la vida. En esta dimensión, Veenhoven hace referencia a un significado de orden superior, por ejemplo, las afiliaciones religiosas. Además, el autor sostiene que el patriotismo nacional tiene cabida en esta dimensión.

· · ·

Si nos sentimos muy orgullosos de nuestra nación, ¿no constituiría eso una aportación al sentido de nuestra vida? Si nos sentimos orgullosos de nuestra nación, ¿no desempeñaría eso un papel importante en nuestra felicidad?

Uchida et al. descubrieron que los altos niveles de catástrofe nacional repercutían negativamente en el nivel de felicidad de una nación. Recientemente, Sudáfrica ha vivido tragedias nacionales como la tragedia de la mina de Marikana y el fallecimiento de Nelson Mandela.

Sudáfrica ha pasado por una historia muy agitada y violenta de imperialismo y apartheid. En ambos relatos, una población minoritaria fue "protegida" y experimentó una "buena vida", mientras que la opresión de la mayoría alimentó esa buena vida.

El año 1994 fue un momento importante en la historia de Sudáfrica, que marcó el giro de la democracia para servir a todos por igual. No cabe duda de que se ha dado un paso importante para corregir los desequilibrios del pasado.

Sin embargo, la felicidad no ha sido un área central para el progreso.

. . .

Sugerencias para aumentar la felicidad en Sudáfrica. Muchos de nuestros retos en Sudáfrica son de naturaleza política y administrativa. La felicidad es un constructo complejo que no se puede controlar directamente. Esto ayuda. Mediante la política y la acción individual y organizativa, podemos esforzarnos por influir en la felicidad y aumentarla.

He aquí algunos ejemplos de cómo se podría mejorar la felicidad en Sudáfrica:

La distribución de paquetes de comida, incluyendo literatura de psicología positiva para las personas sin hogar que los automovilistas pueden comprar en las principales tiendas o garajes. Películas de "Happy South Africa" que incluyan lo que le va bien a Sudáfrica como nación y que destaquen cada una de nuestras culturas sudafricanas, que podrían proyectarse antes de las funciones principales en los cines o en DVD.

Todos los periódicos importantes podrían dar una noticia de Sudáfrica feliz.

Los consultores de Psicología Positiva podrían dar clases o enseñanzas itinerantes de los principios como la gratitud, la atención plena, el significado y el propósito.

. . .

La formación de una organización general que pueda ofrecer un portal fusionado a todas las organizaciones de voluntarios y comunitarias que trabajan para hacer más feliz a Sudáfrica.

La creación de una Comunidad Sudafricana de la Felicidad que investigue la felicidad local.

Se podría ayudar a las comunidades a diseñar proyectos locales, tanto para conseguir recursos como para gestionar las iniciativas hasta su finalización.

Sudáfrica podría comprometerse y participar activamente en las iniciativas de felicidad mundial que están despegando en todo el mundo.

Sudáfrica es sólo un ejemplo de los muchos países del mundo que requieren una mayor defensa y acción a nivel individual, organizativo y gubernamental. Sin embargo, la felicidad es una experiencia subjetiva y sólo una vez que cambiemos la forma en que percibimos el mundo podremos realmente empezar a compartir y crear felicidad para los demás. ¿Pero es posible entrenarse para ser más feliz? La respuesta es sí.

. . .

Cómo entrenar tu cerebro para ser feliz. Al nacer, nuestra genética nos proporciona un punto de referencia para la felicidad que representa alrededor del 40% de nuestra felicidad. Tener suficiente comida, refugio y seguridad son el 10%. Luego tenemos un 50% que depende enteramente de nosotros.

Al entrenar nuestro cerebro a través de la conciencia y los ejercicios para pensar de una manera más feliz, más optimista y más resistente, podemos entrenar eficazmente nuestro cerebro para la felicidad.

Los nuevos descubrimientos de la psicología positiva demuestran que la salud física, el bienestar psicológico y el funcionamiento fisiológico mejoran si aprendemos a "sentirnos bien".

¿Cuáles son los patrones que necesitamos "entrenar" en nuestro cerebro?

1. Perfeccionismo. A menudo se confunde con la concienciación, que implica expectativas adecuadas y tangibles, el perfeccionismo implica niveles inadecuados de expectativas y objetivos intangibles. Suele producir problemas en adultos, adolescentes y niños.

. . .

2. La comparación social. Cuando nos comparamos con otros, a menudo carecemos de esas cualidades. Sin embargo, las mejores comparaciones que podemos hacer son con nosotros mismos. ¿Cómo eres mejor que en el pasado?

3, Materialismo. Vincular nuestra felicidad a las cosas externas y a la riqueza material es peligroso, ya que podemos perder nuestra felicidad si nuestras circunstancias materiales cambian.

4. Maximizar. Los maximizadores buscan mejores opciones incluso cuando están satisfechos. Esto les deja poco tiempo para estar presentes en los buenos momentos de sus vidas y con muy poca gratitud.

Conceptos erróneos sobre el entrenamiento de la mente.

Algunas ideas erróneas sobre el reentrenamiento del cerebro son sencillamente falsas. He aquí algunos mitos que hay que desmentir:

Somos producto de nuestra genética, por lo que no podemos crear cambios en nuestro cerebro.

. . .

Nuestras mentes son maleables. Hace diez años, pensábamos que las vías cerebrales se fijaban en la primera infancia. En realidad, ahora sabemos que hay un enorme potencial de grandes cambios hasta los veinte años, y que la neuroplasticidad sigue cambiando a lo largo de la vida.

La vaina de mielina que recubre tus vías neuronales se hace más gruesa y fuerte cuanto más se utiliza (piensa en la cubierta protectora de plástico de los cables); cuanto más se utiliza una vía, más fuerte es la mielina y más rápida es la vía neuronal. En pocas palabras, cuando se practica el sentimiento de gratitud, se notan más cosas por las que estar agradecido.

El entrenamiento cerebral es un lavado de cerebro.

El lavado de cerebro es un cambio involuntario. Si nos centramos en entrenar nuestra mente para ver el vaso medio lleno en lugar de medio vacío, es una elección.

Si somos demasiado felices, corremos el riesgo de volvernos demasiado optimistas.

No existe el exceso de optimismo y la ciencia demuestra que el entrenamiento cerebral para la positividad incluye prácticas como la atención plena y la gratitud. Nadie tiene una sobredosis de estos hábitos.

¿Cómo está conectado el cerebro para la felicidad? Nuestros cerebros vienen ya diseñados para la felicidad. Disponemos de sistemas de cuidado para el contacto visual, el tacto y las vocalizaciones para hacer saber a los demás que somos dignos de confianza y estamos seguros. Nuestro cerebro también regula sustancias químicas como la oxitocina.

Las personas que tienen más oxitocina confían más fácilmente, tienen una mayor tendencia a la monogamia y muestran un comportamiento más cuidadoso. Estos comportamientos reducen el estrés, lo que disminuye la producción de hormonas como el cortisol e inhibe la respuesta cardiovascular al estrés.

Oxitocina. Esta hormona fomenta la unión y la confianza y es responsable del vínculo madre-hijo, ya que se libera especialmente durante el parto. Se sabe que promueve la confianza, la amistad, las relaciones románticas y la gratitud.

La producción de oxitocina se activa cuando nos acercamos a alguien y sirve para contrarrestar la hormona del estrés, el cortisol.

· · ·

Un mensaje para llevar a casa. La felicidad es la experiencia subjetiva general de nuestras emociones positivas. Hay muchos factores que influyen en nuestra felicidad, y las investigaciones en curso siguen descubriendo qué nos hace más felices.

Esta búsqueda global de la felicidad ha dado lugar a medidas como el Informe Mundial de la Felicidad, mientras que la Base de Datos Mundial de la Felicidad está trabajando para colaborar y fusionar las búsquedas de felicidad existentes en diferentes naciones.

Vivimos en una época en la que se conocen las condiciones de la felicidad. Esto puede descorazonar cuando consideramos ejemplos como el de Sudáfrica, donde las luchas políticas impiden que gran parte de la población experimente las cuatro cualidades de la vida presentadas por Veenhoven.

Sin embargo, hay una buena noticia en esta situación: la neuroplasticidad. El cerebro humano está programado para la felicidad y las conexiones positivas con los demás. De hecho, es posible experimentar y aprender la felicidad a pesar de lo que se haya programado genéticamente.

En un mundo en el que la atención a la felicidad es cada vez mayor y el espejo se vuelve hacia nosotros mismos, la felicidad del mundo depende de la felicidad que hay en cada uno de nosotros y de cómo actuamos, compartimos y expresamos la importancia de la felicidad para todos.

Dos componentes clave de la felicidad son:

El equilibrio de las emociones. Todo el mundo experimenta emociones, sentimientos y estados de ánimo positivos y negativos. La felicidad está relacionada con la experimentación de más sentimientos positivos que negativos.

Satisfacción vital. Se refiere a lo satisfecho que se siente con las distintas áreas de su vida, incluidas sus relaciones, su trabajo, sus logros y otras cosas que considera importantes.

Cómo saber si eres feliz. Aunque la percepción de la felicidad puede variar de una persona a otra, hay algunos signos clave que los psicólogos buscan al medir y evaluar la felicidad. Algunos signos clave de la felicidad son:

- Sentir que estás viviendo la vida que querías.
- Sentir que las condiciones de tu vida son buenas.
- Sentir que has logrado (o lograrás) lo que quieres en la vida. Sentirse satisfecho con su vida.
- Sentirse positivo más que negativo.

Es importante recordar que la felicidad no es un estado de euforia constante. En cambio, la felicidad es una sensación general de experimentar más emociones positivas que negativas.

Endorfinas. Funcionan como analgésicos y producen euforia. Por eso a muchos corredores les gusta correr porque su cuerpo libera estas hormonas que les producen un subidón. Es una combinación de endorfinas y dopamina y por eso mucha gente se engancha a correr, a entrenar y a hacer ejercicio físico.

Las personas felices siguen sintiendo toda la gama de emociones humanas -cólera, frustración, aburrimiento, soledad e incluso tristeza- de vez en cuando. Pero incluso cuando se enfrentan al malestar, tienen un sentimiento subyacente de optimismo de que las cosas mejorarán, de que pueden afrontar lo que está pasando y de que volverán a sentirse felices. Tipos de felicidad. Hay muchas formas de pensar en la felicidad. Por ejemplo, el antiguo filósofo griego Aristóteles distinguía entre dos tipos de felicidad: hedonia y eudaimonia.

Hedonia. La felicidad hedónica se deriva del placer. Suele estar asociada a hacer lo que se siente bien, al cuidado de uno mismo, al cumplimiento de los deseos, a la experiencia de disfrute y a la sensación de satisfacción.

Eudaimonia. Este tipo de felicidad se deriva de la búsqueda de la virtud y el significado. Entre los componentes importantes del bienestar eudaimónico está el sentir que la vida tiene sentido, valor y propósito.

· · ·

Se asocia más con el cumplimiento de las responsabilidades, la inversión en objetivos a largo plazo, la preocupación por el bienestar de otras personas y el cumplimiento de los ideales personales.

La hedonia y la eudaimonia son morales que hoy se conocen en psicología como placer y significado, respectivamente. Más recientemente, los psicólogos han sugerido que se añada un tercer componente relacionado con el compromiso. Se trata de sentimientos de compromiso y participación en diferentes ámbitos de la vida.

Las investigaciones sugieren que las personas felices se sitúan en una posición bastante alta en cuanto a satisfacción vital eudaimónica y mejor que la media en cuanto a satisfacción vital hedónica.

Éstas pueden desempeñar un papel importante en la experiencia global de la felicidad, aunque el valor relativo de cada una puede ser muy subjetivo. Algunas actividades pueden ser a la vez placenteras y significativas, mientras que otras pueden tener más peso.

Por ejemplo, el voluntariado por una causa en la que crees puede ser más significativo que placentero. Ver tu programa de televisión favorito puede tener menos significado y más placer.

Algunos tipos de felicidad que pueden entrar en estas tres categorías principales son:

- Alegría. Un sentimiento a menudo relativamente breve que se siente en el momento presente. Emoción. Un sentimiento de felicidad que implica esperar algo con anticipación positiva.
- Gratitud. Es una emoción positiva que implica ser agradecido y apreciado. Orgullo. Un sentimiento de satisfacción por algo que se ha logrado.
- Optimismo. Es una forma de ver la vida con una perspectiva positiva y optimista. Satisfacción. Este tipo de felicidad implica una sensación de satisfacción.

Cómo cultivar la felicidad. Aunque algunas personas son más felices por naturaleza, hay cosas que puedes hacer para cultivar tu sentido de la felicidad.

Persigue objetivos intrínsecos. Alcanzar los objetivos que te motivan intrínsecamente, especialmente los que se centran en el crecimiento personal y la comunidad, puede ayudar a aumentar la felicidad. Las investigaciones sugieren que perseguir este tipo de objetivos intrínsecamente motivados puede aumentar la felicidad más que perseguir objetivos extrínsecos como ganar dinero o estatus.

. . .

Disfruta del momento. Los estudios han revelado que la gente tiende a ganar más de la cuenta: se centran tanto en acumular cosas que pierden la noción de disfrutar realmente de lo que hacen.

Así que, en lugar de caer en la trampa de acumular sin sentido en detrimento de tu propia felicidad, céntrate en practicar la gratitud por las cosas que tienes y en disfrutar del proceso sobre la marcha.

Reformule los pensamientos negativos. Cuando te encuentres atascado en una perspectiva pesimista o experimentes negatividad, busca formas de reformular tus pensamientos de una manera más positiva. Las personas tienen un sesgo natural de negatividad, o una tendencia a prestar más atención a las cosas malas que a las buenas. Esto puede afectar a todo, desde la forma de decidir hasta la manera de formarse impresiones de otras personas. Descartar lo positivo -una distorsión cognitiva en la que la gente se centra en lo negativo e ignora lo positivo- también puede contribuir a los pensamientos negativos.

Reencuadrar estas percepciones negativas no consiste en ignorar lo malo. Por el contrario, significa intentar adoptar una visión más equilibrada y realista de los acontecimientos.

. . .

Te permite notar un patrón en tu pensamiento y luego desafiar los pensamientos negativos.

Impacto de la felicidad. Se ha demostrado que la felicidad predice resultados positivos en muchos ámbitos de la vida.

Las emociones positivas aumentan la satisfacción con la vida.

La felicidad ayuda a las personas a desarrollar habilidades de afrontamiento y recursos emocionales más fuertes.

Las emociones positivas están relacionadas con una mejor salud y longevidad. Un estudio descubrió que las personas que experimentaban más emociones positivas que negativas tenían más probabilidades de haber sobrevivido durante un periodo de 13 años.

Los sentimientos positivos aumentan la resiliencia. La resiliencia ayuda a las personas a gestionar mejor el estrés y a recuperarse mejor cuando se enfrentan a contratiempos.

Por ejemplo, un estudio reveló que las personas más felices tienen niveles más bajos de cortisol, la hormona del estrés, y que estos beneficios persisten.

Las personas que declaran tener un estado de bienestar positivo son más propensas a adoptar comportamientos saludables, como comer frutas y verduras y hacer ejercicio físico con regularidad.

Ser feliz puede ayudar a enfermar con menos frecuencia. Los estados mentales más felices están relacionados con una mayor inmunidad.

Mejorar la felicidad. Algunas personas parecen tener una base naturalmente más alta para la felicidad: un estudio a gran escala de más de 2.000 gemelos sugirió que alrededor del 50% de la satisfacción general de la vida se debía a la genética, el 10% a eventos externos y el 40% a actividades individuales.

Así que, aunque no puedas controlar cuál es tu "nivel básico" de felicidad, hay cosas que puedes hacer para que tu vida sea más feliz y satisfactoria. Incluso las personas más felices pueden sentirse deprimidas de vez en cuando, y la felicidad es algo que todas las personas deben perseguir conscientemente.

Haz ejercicio con regularidad. El ejercicio es bueno tanto para el cuerpo como para la mente. La actividad física está vinculada a una serie de beneficios físicos y psicológicos, como la mejora del estado de ánimo.

Muchos estudios han demostrado que el ejercicio regular puede desempeñar un papel en la prevención de los síntomas de la depresión, pero las pruebas también sugieren que puede ayudar a que las personas sean más felices.

En un análisis de investigaciones anteriores sobre la conexión entre la actividad física y la felicidad, los investigadores encontraron un vínculo positivo constante.

Incluso un poco de ejercicio produce un aumento de la felicidad: las personas que realizaban actividad física durante tan sólo 10 minutos al día o que hacían ejercicio sólo una vez a la semana tenían niveles más altos de felicidad que las personas que nunca hacían ejercicio.

Mostrar gratitud. En un estudio, se pidió a los participantes que hicieran un ejercicio de escritura de 10 a 20 minutos cada noche antes de acostarse. A algunos se les pidió que escribieran sobre los problemas cotidianos, a otros sobre acontecimientos neutros y a otros sobre las cosas por las que estaban agradecidos. Los resultados revelaron que las personas que habían escrito sobre la gratitud habían aumentado sus emociones positivas, su felicidad subjetiva y su satisfacción vital.

Como sugieren los autores del estudio, llevar una lista de agradecimiento es una forma relativamente fácil, asequible, sencilla y agradable de mejorar el estado de ánimo. Intente reservar unos minutos cada noche para escribir o pensar en las cosas de su vida por las que está agradecido. Encuentre un sentido de propósito. Las investigaciones han demostrado que las personas que sienten que tienen un propósito tienen un mayor bienestar y se sienten más realizadas. Un sentido de propósito implica ver que su vida tiene objetivos, dirección y significado. Puede ayudar a mejorar la felicidad al promover comportamientos más saludables.

Algunas cosas que puedes hacer para ayudar a encontrar un sentido de propósito incluyen:

- Explora tus intereses y pasiones.
- Participar en causas prosociales y altruistas.
- Trabajar para hacer frente a las injusticias.
- Busca cosas nuevas sobre las que aprender más.

Desafíos para encontrar la felicidad.

Aunque buscar la felicidad es importante, a veces la búsqueda de la satisfacción vital se queda corta.

Algunos de los retos a los que hay que prestar atención son:

· · ·

Valorar las cosas equivocadas. Puede que el dinero no compre la felicidad, pero se ha investigado que gastar dinero en experiencias puede hacerte más feliz que gastarlo en posesiones materiales.

Un estudio, por ejemplo, descubrió que gastar dinero en cosas que compran tiempo -como gastar dinero en servicios que ahorran tiempo- puede aumentar la felicidad y la satisfacción vital.

En lugar de sobrevalorar cosas como el dinero, el estatus o las posesiones materiales, perseguir objetivos que den como resultado más tiempo libre o experiencias agradables puede tener una mayor recompensa de felicidad.

No buscar apoyo social. El apoyo social significa tener amigos y seres queridos a los que acudir en busca de apoyo. La investigación ha descubierto que el apoyo social percibido desempeña un papel importante en el bienestar subjetivo. Por ejemplo, un estudio descubrió que las percepciones de apoyo social manejaban el 43% del nivel de felicidad de una persona.

Es importante recordar que cuando se trata de apoyo social, la calidad es más importante que la cantidad.

. . .

Tener sólo unos pocos amigos muy cercanos y de confianza tendrá un mayor impacto en su felicidad general que tener muchos conocidos casuales.

Pensar en la felicidad como un punto final. La felicidad no es un bien que se pueda alcanzar y terminar. Es una búsqueda constante que requiere una alimentación continua y un sustento subido.

Un estudio reveló que las personas que más valoran la felicidad también se sienten menos satisfechas con sus vidas.

Esencialmente, la felicidad se convierte en un objetivo tan elevado que resulta prácticamente inalcanzable.

"Valorar la felicidad podría ser contraproducente porque cuanto más valoren las personas la felicidad, más probable será que se sientan decepcionadas", sugieren los autores del estudio.

Tal vez la lección sea no hacer de algo tan ampliamente definido como la "felicidad" tu objetivo. En lugar de ello, céntrate en construir y cultivar el tipo de vida y las relaciones que aportan plenitud y satisfacción a tu vida.

. . .

También es importante considerar cómo se define la felicidad.

La felicidad es un término amplio que significa cosas diferentes para cada persona. En lugar de considerar la felicidad como un punto final, puede ser más útil pensar en lo que realmente significa la felicidad para ti y luego trabajar en pequeñas cosas que te ayuden a ser más feliz. Esto puede hacer que la consecución de estos objetivos sea más manejable y menos abrumadora.

Historia de la felicidad. La felicidad ha sido reconocida desde hace mucho tiempo como una parte fundamental de la salud y el bienestar. La "búsqueda" de la felicidad aparece incluso como un derecho inalienable en la Declaración de Independencia de Estados Unidos. Sin embargo, nuestra comprensión de lo que nos da la felicidad ha cambiado.

Los psicólogos también han propuesto varias teorías para explicar cómo las personas experimentan y buscan la felicidad. Estas teorías incluyen: La jerarquía de necesidades de Maslow. La jerarquía de necesidades sugiere que las personas están motivadas por necesidades cada vez más complejas. Una vez satisfechas las necesidades más básicas, las personas están motivadas por necesidades más psicológicas y emocionales.

. . .

En la cúspide de la jerarquía se encuentra la necesidad de autorrealización, es decir, la necesidad de alcanzar el máximo potencial. La teoría también subraya la importancia de la experiencia cumbre o los momentos trascendentes en los que la persona siente una profunda comprensión, felicidad y alegría.

Psicología positiva. La búsqueda de la felicidad es fundamental en el campo de la psicología positiva. Los psicólogos que estudian la psicología positiva están interesados en aprender formas de aumentar la positividad y ayudar a las personas a vivir vidas más felices y satisfactorias.

En lugar de centrarse en las patologías mentales, este campo se esfuerza por ayudar a las personas, las comunidades y las sociedades a mejorar las emociones positivas y lograr una mayor felicidad.

3

Cómo Detener Los Pensamientos Negativos Y Aumentar La Felicidad

"No soy lo suficientemente inteligente". "No voy a conseguir el trabajo".

"Ella me dejará".

"Hoy estoy más feo que ayer". "Me siento solo y deprimido".

"Nadie quiere estar conmigo porque soy lo peor".

Si no te reconoces en esos pensamientos, ¡felicidades! Pero si te levantas por la mañana pensando algo parecido a lo anterior, este capítulo es para ti.

. . .

Cuando pienso en todos los momentos infelices y frustrantes de mi vida, me doy cuenta ahora de que prolongué estas experiencias porque pasaba demasiado tiempo en mi cabeza. Me preocupaba por el futuro o pensaba en los errores del pasado, en las oportunidades perdidas y en todos los demás acontecimientos de mi vida en los que me sentía insatisfecho y frustrado. Ni siquiera me di cuenta del impacto que tenían los pensamientos negativos en mi vida.

Los pensamientos negativos nos limitan mucho más de lo que pensamos: cambian nuestro estado de ánimo, nos condicionan y drenan nuestra energía. Los que tenía a diario me impedían no sólo disfrutar de las experiencias de la vida, sino que drenaban mi energía y me distraían de centrarme en lo que era importante en mi vida.

Los pensamientos negativos son la barrera invisible que nos separa de nuestro verdadero poder.

Los pensamientos son como gotas de agua; una parece algo pequeña, pero gota a gota, el vaso acaba desbordándose.

Los pensamientos negativos se acumulan hasta producir sentimientos negativos.

. . .

Los sentimientos negativos se retroalimentan con tus pensamientos negativos para que no pierdan su control sobre ti. Y es en ese momento cuando tienes un verdadero problema capaz de sumirte en la depresión.

Un pensamiento negativo por sí mismo parece inofensivo, pero no lo es. Me gusta comparar los pensamientos negativos con el alcohol: uno no te matará, pero puede hacerte adicto, y ¿sabes qué? Si te vuelves adicto a las drogas, te matará lentamente.

Los pensamientos efectivos son similares. Te acostumbras a sentirte de una determinada manera, y para ello necesitas tu dosis diaria de negatividad.

Esa negatividad te convierte en quien no quieres ser: una persona pesimista y temerosa que acumula resentimiento y frustración. Pero las cosas pueden ponerse aún más feas porque tus niveles de cortisol aumentan. Y por ello, puedes sufrir todo tipo de enfermedades porque tu sistema inmunológico está debilitado.

¿Qué causa los pensamientos negativos? Lo primero que hay que hacer es encontrar el por qué:

¿Qué factores desencadenantes desencadenan tus pensamientos negativos?

. . .

Si puedes encontrar la respuesta a por qué tienes constantemente tantos pensamientos negativos, entonces estarás un paso más cerca de gestionar mejor el impacto que el pensamiento negativo está teniendo en tu vida.

Controlar tus pensamientos negativos es una prioridad. Es una cuestión de salud física, emocional y mental. Por eso voy a compartir contigo 9 formas de controlar tus pensamientos negativos, para que te sientas mejor y tengas un gran día.

- Los pensamientos negativos. Los pensamientos negativos son ideas limitantes que te hacen perder la ilusión, y tu salud se debilita al igual que tu energía.
- Esos pensamientos tienen consecuencias en todos los ámbitos de tu vida. Te afectan social y laboralmente a ti y a tu entorno. Y por último, pero no menos importante: también son altamente contagiosos.
- Los estudios concluyeron que las personas que responden a las circunstancias estresantes con pensamientos negativos pueden contagiar su actitud a los demás, especialmente si se encuentran en un proceso de transición vital.
- El problema, como en el caso de los virus, no es el contagio, sino las consecuencias. No todo el mundo responde de la misma manera ante las mismas circunstancias.

- La negatividad puede formar parte del carácter de una persona o destruir a quien la padece.
- Los pensamientos liberan neurotransmisores y neurohormonas en el cerebro. Por eso es tan importante el optimismo: los pensamientos positivos liberan dopamina, pero uno negativo libera adrenalina.
- Dopamina. La hormona del bienestar, la hormona del placer o la hormona de la recompensa. Es la hormona que nos proporciona las sensaciones de placer a las que muchos de nosotros queremos volver una y otra vez y a veces también nos volvemos adictos a ella. Está asociada a dos de nuestros instintos de supervivencia más poderosos: la comida y el sexo. Esta hormona es la razón por la que algunas personas se vuelven adictas a la comida y al sexo y les resulta difícil abandonar el hábito. Forma parte del sistema de recompensa del cerebro y se libera cuando se percibe que una recompensa puede estar cerca.
- Dependiendo de las sustancias que liberes en tu cerebro, experimentarás una sensación agradable o desagradable. Y aunque parezca increíble, todo empieza con un pensamiento.
- Parece fácil controlar los pensamientos, pero no lo es. Un estudio de la Universidad de Queen en Kingston (Canadá) sugiere que una persona media tiene entre 65.000 y 70.000 pensamientos al día.

Es un número considerable de pensamientos para controlar sin fijar la intención.

Los pensamientos negativos empeoran tu vida. Como hemos visto anteriormente, los pensamientos negativos afectan a todas las áreas de tu vida y afectan a tu entorno.

Ten en cuenta la lista específica de efectos que los pensamientos negativos tienen en tu vida. Las consecuencias de los pensamientos negativos son:

Aumentan su nivel de irascibilidad. Aumentan el sentimiento de tristeza. Fomentan la pereza y la desgana.

Producen dolores de cabeza.

Te hacen propenso a la taquicardia. Aumentan la tensión muscular.

Aumentan la fatiga y el cansancio.

Limitan la calidad del sueño y producen insomnio.

Fomentan comportamientos inadecuados, como la inseguridad y la vergüenza.

Aumentan el riesgo de sufrir una baja autoestima.

Disminuyen su rendimiento profesional.

Pueden causar problemas familiares al hacerlos más irritables. Pueden provocar trastornos de ansiedad o depresión.

¿De dónde vienen los pensamientos negativos? Todos vivimos acosados por esa voz que nos dice cosas feas. Cosas como "no te va a ir bien "eres un perdedor", "vas a hacer el ridículo", etc. Pero, ¿de dónde viene esa voz? Hay varios orígenes, los tres siguientes son los principales:

Predisposición. Por herencia, estamos predispuestos a padecerlos. Mi madre siempre tendía a estar preocupada porque su madre siempre estaba preocupada.

Haber sufrido experiencias traumáticas. Cualquier relación o acontecimiento que disminuya nuestra autoestima tiene consecuencias a corto y largo plazo en nuestra vida.

Tenemos que dar mucha más importancia a nuestra autoestima. Si te la quitan, tendrás más pensamientos negativos y caerás en la depresión.

. . .

Perfeccionismo. A veces nos exigimos demasiado, y ese exceso de exigencia disminuye nuestra tolerancia a la frustración y al fracaso. El excesivo control de lo que hacemos acaba obsesionándonos y sometiéndonos a todo tipo de pensamientos limitantes y catastróficos. El perfeccionismo nos vuelve obsesivos, y eso no es sano. Tipos de pensamientos negativos. Ahora que hemos definido qué son los pensamientos negativos, hemos repasado sus consecuencias en nuestro estado físico, mental y emocional y hemos revisado las razones por las que se producen. Quiero enumerar los principales pensamientos negativos para que sea más fácil identificarlos. Los pensamientos negativos más comunes:

· Extremista. Ejemplo: "estás conmigo o contra mí".

· Miedo a no ser aceptado por los demás. Ejemplo: "Seguro que piensa que soy una mala persona".

· Controlar. Ejemplo: "No vale la pena intentarlo. Seguro que acaba saliendo mal".

· Generalización. Ejemplo: "como todo el mundo suspende el examen, estoy seguro de que yo también suspenderé".

· Descalificación personal. Ejemplo- "Soy feo y estúpido". 6. Dramático. Ejemplo- "todo me pasa a mí".

Consejos para tener menos pensamientos negativos. No será una tarea fácil, pero es posible ser una persona más positiva si lo deseas. Sólo hace falta perseverancia. Algunos trucos para reducir el número de pensamientos negativos de tu mente:

- Cada noche, al llegar a casa, siéntate y escribe tus emociones en un papel. Esto te permite procesar y analizar tus sentimientos.
- Salga a pasear. El contacto con la naturaleza mejora tu bienestar emocional y te invita a reflexionar. Los neurocientíficos de la Universidad de Princeton afirman que los paseos regulares pueden ayudar a regenerar el cerebro. Durante tus paseos, intenta reflexionar sobre aquellos comportamientos que se repiten en tu día a día: Perfeccionismo, culpabilidad, etc. Detecta y cambia los patrones de pensamiento (por ejemplo, la excesiva autoexigencia, la intolerancia a la frustración, la desconfianza en los demás).
- Utilice la sustitución. Siempre que identifique un pensamiento negativo recurrente, visualice su opuesto. Imagina que estás pensando constantemente: "Voy a fracasar en la entrevista" o algo parecido, así que busca un lugar tranquilo, tómate tu tiempo, cierra los ojos e imagina lo contrario: que tienes éxito en esa entrevista.
- Aprende a asignar valor a las cosas. Muchas veces te ahogas en un vaso de agua. Te pasas el día preocupándote por cosas que no van a ocurrir en ningún otro sitio que en tu mente. Date cuenta de esto y aprende a liberarte de las preocupaciones innecesarias.
- Comprende que la vida es un camino lleno de dificultades. Los únicos que no tienen problemas

son los muertos. Entender esto hace la vida más fácil. Comprende que la vida te lleva de un problema a otro con intervalos de relativa calma, y serás más feliz y optimista.

- Céntrate en las soluciones. Preocuparse te limita, te quita tiempo y energía, pero hacer las cosas bien te ahorra problemas. Tener una vida equilibrada, comer sano y hacer ejercicio te facilitará la vida porque el mejor tratamiento es la prevención. Si la energía que gastas en preocuparte por algo la inviertes en buscar una solución, seguro que lo resuelves antes.
- Céntrate en las cosas buenas. Del mismo modo que los pensamientos negativos limitan tu vida, si centras tu atención en los positivos, tu experiencia vital será más agradable. Nunca olvides lo que decía el filósofo Federico Nietzsche "Cuando miras largamente al abismo. El abismo te mira a ti".
- Practica la atención plena. Céntrate en el presente. Date cuenta de que todas tus emociones negativas provienen de malos recuerdos o de la expectativa de problemas futuros. Vive el presente y el ahora, y serás feliz.
- Haz tus deberes. Es decir, ten una vida organizada, con horarios de ejercicio físico y descanso. Tener horarios de trabajo y descanso mejora tu calidad de vida. Y reduce el número de pensamientos negativos que tienes a lo largo del día.

- Medita. Meditar marcará la diferencia en tu vida.

Meditar facilita las cosas, te convierte en una persona más serena y humilde.

4

Cómo Afrontar Los Pensamientos Negativos

Cuando pienso en todos los momentos infelices y frustrantes de mi vida, me doy cuenta ahora de que prolongué estas experiencias porque pasaba demasiado tiempo en mi cabeza. Me preocupaba por el futuro o pensaba en los errores del pasado, en las oportunidades perdidas y en todos los demás acontecimientos de mi vida en los que me sentía insatisfecho y frustrado. Ni siquiera me di cuenta del impacto que tenían los pensamientos negativos en mi vida.

Según las investigaciones científicas, hay alrededor de 60.000 a 70.000 pensamientos diferentes en la mente de una persona en un día y el 95% de estos pensamientos son inútiles de pensamientos negativos. Los que tenía a diario me impedían no solo disfrutar de las experiencias de la vida, sino que drenaban mi energía y me distraían de centrarme en lo que era importante en mi vida.

· · ·

En este capítulo, entenderás por qué tienes pensamientos negativos y cómo lidiar con ellos.

¿Qué causa los pensamientos negativos? Lo primero que hay que hacer es encontrar el por qué:

¿Qué factores desencadenantes desencadenan tus pensamientos negativos? Si puedes encontrar la respuesta a por qué tienes constantemente tantos pensamientos negativos, entonces estarás un paso más cerca de gestionar mejor el impacto que el pensamiento negativo está teniendo en tu vida.

Condiciones de salud mental. Los pensamientos negativos tienen muchas causas, y estas causas pueden ser diferentes para cada persona. La causa más excesiva de los pensamientos negativos puede deberse a condiciones de salud mental como el trastorno obsesivo-compulsivo (TOC) o el trastorno de ansiedad (TAG).

La depresión también es un factor que contribuye a los pensamientos negativos. Si crees que puedes estar luchando contra una enfermedad mental, ponte en contacto con un profesional de la salud mental para obtener asesoramiento médico.

Rumiación.

. . .

Todo el mundo tiene pensamientos negativos de vez en cuando; es una parte natural de la vida sentirse triste o deprimido. Sin embargo, el peligro para nosotros es cuando estos pensamientos negativos se repiten una y otra vez en nuestra mente.

Los científicos llaman a esto rumiación. El hábito de la rumiación puede ser peligroso para nuestra salud mental, ya que puede prolongar o intensificar la depresión, así como perjudicar nuestra capacidad de pensar y procesar las emociones.

El efecto del cortisol. El cortisol es una hormona que se libera principalmente por el estrés y tiene muchas funciones importantes en nuestro cuerpo. Tener un equilibrio correcto de cortisol es esencial para la salud humana, y puedes tener problemas si tu glándula suprarrenal libera demasiado o muy poco cortisol.

A nuestro cerebro le encanta el cortisol, ya que está ahí para advertirnos del peligro inminente. El problema se produce cuando ponemos constantemente nuestro cuerpo y nuestra mente en situaciones de mucho estrés y pensamientos negativos, ya que esto provoca una sobrecarga de cortisol.

. . .

Nuestro cerebro desarrolla patrones de pensamiento negativos, y normalizamos nuestros patrones de pensamiento.

Entrenamos a nuestros cerebros para que piensen que ya no estamos en peligro inminente - esta es nuestra nueva normalidad, pero nuestros niveles de cortisol se vuelven peligrosamente altos. Con el tiempo, el cuerpo mostrará signos de desgaste: ataques al corazón, depresión, ansiedad, enfermedades mentales, etc.

Si no mantienes tus pensamientos negativos bajo control, al final tendrás que enfrentarte a graves problemas de salud.

Aferrarse a los miedos y los remordimientos. Martin Seligman, psicólogo estadounidense, educador y autor de libros de autoayuda, es un gran promotor dentro de la comunidad científica de sus teorías sobre psicología positiva y bienestar. Dice que las tres causas principales de los pensamientos negativos para la mayoría de las personas son:

Miedo al futuro. La gente puede temer lo desconocido y, como resultado, piensa que pueden ocurrir las peores cosas, como el fracaso o el desastre. El futuro no ha ocurrido, así que algo distrae a las personas que lo temen de vivir el presente, que es donde tienen más control sobre cómo viven sus vidas.

. . .

Ansiedad por el presente.

Muchos de nosotros nos preocupamos por lo que los demás piensan de nosotros, por cómo será el tráfico de vuelta a casa o por si estamos haciendo un buen trabajo. Si nos encontramos en un entorno o una relación tóxica, somos más susceptibles de tener pensamientos negativos.

Arrepentirse del pasado. Todo el mundo hace cosas de las que se avergüenza. Las personas con tendencia a pensar de forma negativa insisten más que otras en los errores y fracasos del pasado.

Sea cual sea la causa de tus pensamientos negativos, puedes gestionarlos con algunas estrategias. Empieza a lidiar con tus pensamientos negativos tan pronto como reconozcas que están a punto de convertirse en un gran problema en tu vida.

5 pasos para gestionar tus pensamientos negativos

No es realista pensar que vas a eliminar todos los pensamientos negativos. Un enfoque más realista y sostenible consiste en aprender estrategias para gestionar tus pensamientos negativos de modo que tengas el control sobre cómo quieres vivir tu vida.

. . .

1. Desafía tus pensamientos negativos. Esta estrategia paso a paso requiere tiempo y práctica; no tendrás el control de tus pensamientos de la noche a la mañana. Prepárate y comprométete a practicar esta estrategia a diario.

Esta estrategia consiste en enseñarse a sí mismo a contrarrestar los pensamientos negativos. Hay 5 preguntas que puedes hacerte:

¿Es cierto este pensamiento?

¿Existe una base para esta creencia negativa?

¿Este pensamiento te da poder o te lo quita?

¿Puedes darle un giro positivo a este pensamiento o aprender de él?

¿Cómo sería si no tuvieras estos pensamientos negativos?

¿Este pensamiento negativo te oculta de un asunto que necesitas abordar?

2. Distraiga sus pensamientos negativos centrándose en otra cosa. La visualización es una estrategia útil para ayudarle a distraerse de sus pensamientos negativos. Intente imaginarse haciendo una actividad que le guste, por ejemplo, ir de compras, leer libros, escuchar música, etc.

La clave es entrenar a tu cerebro para que piense en algo completamente diferente durante al menos 30 segundos.

. . .

Sé disciplinado al probar esta técnica. Con el tiempo, habrás entrenado a tu cerebro para que vaya en una dirección diferente cada vez que surjan tus pensamientos negativos.

3. El ejercicio del globo. Deshazte de tus pensamientos negativos. Esta estrategia es la que más me gusta. Esencialmente, lo que estás haciendo aquí es tirar tus pensamientos negativos.

Cuidar tu cabeza de los pensamientos negativos escribiéndolos y dejándolos ir físicamente te libera de mucha energía negativa. Algunas personas escriben sus pensamientos negativos en un papel y los tiran a la papelera.

Me gusta escribir mis pensamientos negativos, mis miedos y mis arrepentimientos en un globo inflado, y luego soltarlo en el cielo. Encuentra la técnica que más te convenga.

4. Rodéate de gente positiva. Las personas con las que pasas tu tiempo tienen una gran influencia en cómo vives tu vida.

Si quieres gestionar mejor tus pensamientos negativos, pasa tiempo con un amigo que tenga energía positiva, una visión positiva de la vida y que te escuche compartir tus pensamientos y sentimientos.

. . .

5. Reformule sus pensamientos. Nuestra mente tiene una capacidad asombrosa para convencernos de algo que no es realmente cierto. Estos pensamientos falsos e inexactos refuerzan nuestro pensamiento negativo.

La próxima vez deja de pensar que tú tienes la culpa de todo lo que va mal. Lo que estás haciendo es asumir y personalizar tus pensamientos y reforzar esto con un pensamiento negativo.

Tómese unos minutos para reconocer las cosas buenas que hace, escríbalas y dígase a sí mismo estas cosas maravillosas en voz alta. Otra estrategia que puedes hacer es desafiar estos pensamientos con las preguntas dadas en la serie número 1 de arriba.

Resumen. La clave de la felicidad -o de esa cosa aún más deseada, la calma- no consiste en tener siempre pensamientos felices... Ninguna mente en la tierra con algún tipo de inteligencia podría pasar una vida disfrutando sólo de pensamientos felices. La clave está en aceptar tus pensamientos, todos ellos, incluso los malos. Acepta los pensamientos, pero no te conviertas en ellos.

Con una práctica y un compromiso dedicados, puedes sustituir los patrones de pensamiento negativos por pensamientos que realmente te ayudarán a alcanzar la felicidad y una sensación de aceptación tranquila. Cuantos más pensamientos positivos tengas, más resultados positivos conseguirás en la vida, así que empieza ahora mismo.

5

Diez Pensamientos Negativos Que Todos Tenemos Y Sus Remedios

Nunca olvidaré la primera vez que escuché la forma en que me hablaba a mí misma, dándome cuenta de cómo influía directamente en todos los aspectos de mi vida. Podemos ser nuestro peor enemigo y nuestra conversación interna y pensamientos negativos pueden ser extremadamente limitantes. Como la mayoría de la gente, estaba ciega ante esta información un tanto obvia.

Con el tiempo, me di cuenta de que los pensamientos negativos que tenía no eran hechos en absoluto, sino limitaciones autoimpuestas que me ponía a mí mismo, y que yo también tenía el poder de eliminar. A lo largo de la última década, me ha quedado muy claro que la mayoría de nosotros tenemos pensamientos negativos muy similares. He aquí algunos de los pensamientos negativos más comunes que todos tenemos y qué remedios debemos tomar.

. . .

No soy lo suficientemente bueno. ¿Has pensado alguna vez que no eres lo suficientemente bueno? Cuando sentimos que no somos lo suficientemente buenos. Nos ahogamos en esta emoción de duda y lástima. Puede ser un síntoma de baja autoestima, pero todo el mundo es suficientemente bueno.

Puede que no tengas las habilidades o las herramientas para lograr lo que quieres ahora, pero sin duda eres lo suficientemente bueno y digno de recibir lo que quieres en la vida. Si tienes un billete de 50 dólares y se cae en el estiércol de la vaca, ¿pierden esos 50 dólares su valor? Por supuesto que no. Entonces, ¿por qué crees que pierdes valor en función de lo que has hecho en la vida?

Remedios. En lugar de decir: "No soy lo suficientemente bueno", dite a ti mismo que eres digno de todo lo que deseas en esta vida, igual que los demás. Concéntrate en las cosas que te gustan de ti mismo en este momento. Incluso puedes hacer una lista escrita y pegarla cerca si te ayuda a verla cada día.

No puedo hacerlo. "No puedo" es una de las palabras más limitantes que puedes decirte a ti mismo. Henry Ford dijo una vez: "Tanto si crees que puedes como si no puedes, tienes razón".

. . .

Si te dices a ti mismo que no puedes, estás enviando mensajes a tu mente y a tu cerebro de que no puedes, y así será tu experiencia. Tu mente no lo intentará si ya le has dicho que algo es imposible.

Remedios. En lugar de centrar tus pensamientos negativos en lo que crees que no puedes hacer, dite a ti mismo: "Puedo hacer todo lo que me proponga" . Aunque todos tenemos limitaciones, creer en tus capacidades es el primer paso para lograr tus objetivos a corto y largo plazo en la vida.

Y a veces, puede que sólo necesites un pequeño impulso de motivación. Obtenga la hoja de trabajo del impulso de motivación instantáneo. Hoja de trabajo que te guiará para hacer las pequeñas cosas para un impulso instantáneo de motivación.

No soy tan afortunado como otras personas. Este pensamiento normalmente proviene de mantener la ilusión de que la vida de otras personas es mejor y tienen más suerte, y eso te separa de ellas. La "perfección" no existe, y a menudo hay mucho esfuerzo detrás de esa "suerte" percibida.

Es muy desalentador pensar que la vida nunca te ofrecerá cosas buenas; si aprovechas un poco de gratitud, verás que ya tienes cosas buenas a tu alrededor.

Remedios. En lugar de centrarte en toda la suerte que parecen tener los demás, dite a ti mismo: "A mí me pueden pasar cosas buenas y me pasarán" . Utiliza el sentido de la gratitud para darte cuenta de todas las cosas buenas que normalmente no notarías. Por ejemplo, ¿cuándo fue la última vez que te sentiste agradecido por el techo que te cubre, la comida en tu nevera o tu cómoda cama?

No creo que lo haga nunca. Lo que creas se convertirá en tu realidad, esto es cierto. Tú formas tu futuro cada día con las elecciones que haces y tus hábitos. Puedes sabotear tus oportunidades limitándote con pensamientos negativos.

¿Cómo sería si creyeras que puedes hacer lo que realmente deseas y tener las experiencias que deseas? No se trata de hacerlo bien a la primera, sino de intentarlo. No te detengas antes de haberte dado la oportunidad.

Remedios. No te limites con patrones de pensamiento negativos que te dicen que nunca harás algo. En su lugar, dígase a sí mismo: "Estoy seguro de que...". Aunque no te sientas seguro de ti mismo en este momento, alimentar a tu cerebro con pensamientos positivos hará que poco a poco aumente la confianza.

Debería ser mejor de lo que soy.

. . .

El uso de la palabra "debería" en este contexto hace que sea un pensamiento realmente negativo y hace que uno se sienta menos de lo que es. ¿Cuántas veces dices "Debería ser más inteligente, más disciplinado, más productivo, etc. de lo que soy"?

¿Recuerdas cómo te sientes inmediatamente después?

Remedios. Dígase a sí mismo: "Intento cambiar lo que no me gusta". Todo el mundo tiene una parte de sí mismo que espera mejorar, y esto es ciertamente posible, pero requiere abordar estas cosas con un sentido de amor propio y paciencia.

Márcate objetivos para las cosas con las que no estás contento en lugar de decirte a ti mismo cómo "deberías" ser o hacer. Actúa sobre las cosas que quieres cambiar y elimina de tu vocabulario las moralejas que te limitan.

No soy lo suficientemente fuerte. Es normal sentir que no eres lo suficientemente fuerte. Todos somos humanos y no conozco a nadie que no se sienta débil. Sin embargo, lo importante es la conversación que tienes contigo mismo después. Si sigues reforzando que no te sientes fuerte con pensamientos negativos, ¿cómo puedes esperar sentirte?

. . .

Remedios. En lugar de centrarte en tus debilidades, dite a ti mismo que eres lo suficientemente fuerte como para afrontar los retos que tienes delante, y apóyate para encontrar la fuerza que necesitas en ese momento.

Nadie se preocupa. Puede que sientas que estás solo y que a nadie le importa, pero estoy convencido de que hay gente que piensa en ti y ni siquiera lo sabe. La gente se preocupa; no todo el mundo expresa sus emociones de la misma manera. No es una sensación agradable que a nadie le importe, así que deja de centrarte en eso y de suponer lo que sienten los demás cuando en realidad no lo sabes. Cambia tu enfoque a algo que te haga sentir mejor.

Remedios. En lugar de suponer que no le importas a nadie, recuérdate que hay personas en tu vida a las que, de hecho, les importas mucho. Haz todo lo posible por cultivar esas relaciones y aceptar el amor que otros te darán para combatir tus pensamientos negativos.

No soy lo suficientemente inteligente. Esta es una afirmación muy general, pero muchas personas la dicen a menudo y luego se sienten mal consigo mismas. ¿En qué no eres especialmente inteligente? Apuesto a que si te pidiera que identificaras algunas áreas en las que eres inteligente, podrías hacerlo si realmente lo intentaras.

. . .

No todo el mundo es inteligente y perfecto en todas las áreas, y esto nos hace a todos únicos. Si sientes que tienes carencias en una determinada área de conocimiento, en lugar de producir pensamientos negativos, saca tiempo para estudiar y aprender lo que quieras para no volver a sentirte así.

Remedios. En lugar de creer que no eres inteligente, recuérdate a ti mismo que eres inteligente de forma única y que puedes mejorar tus conocimientos en cualquier área que elijas. El aprendizaje permanente puede ser una meta hacia la que te dirijas constantemente.

Miedo al fracaso. Tener grandes expectativas sobre ti mismo y condicionar tu autoestima a tu rendimiento no es justo. Tienes que arriesgarte en la vida si quieres obtener resultados diferentes. No temas fracasar; el verdadero fracaso está en no haberlo intentado nunca.

Remedios. Cuando te enfrentes a una situación desafiante o a un riesgo, dite a ti mismo: "Voy a intentarlo; no tengo miedo a fracasar; eso no es lo importante" . Incluso si "fracasas", aprenderás algo sobre el mundo y sobre ti mismo, y mientras sea así, nada es un verdadero fracaso.

Pasarán cosas malas.

. . .

Pensar en negativo es pensar que, pase lo que pase, lo más probable es que sea el peor de los casos. ¿Cómo sería si, en lugar de eso, te imaginaras el mejor de los casos? Nuestros pensamientos positivos y negativos son poderosos, y es habitual utilizar la visualización como técnica para imaginar el mejor de los casos.

Tanto si imaginas el peor como el mejor de los escenarios, estás influyendo en tus resultados. Deja de centrarte en lo que no quieres que ocurra y más bien en lo que quieres que ocurra.

Remedios. En lugar de pensar que sucederán cosas malas cuando intentes algo, intenta pensar que sucederá lo mejor.

De este modo, apuntarás alto y, aunque te quedes un poco corto, llegarás más lejos que antes.

Resumen. Todos tenemos pensamientos negativos de vez en cuando. Sin embargo, cuando la mayoría de tus pensamientos son negativos, estás minando tu felicidad. Nuestros pensamientos afectan directamente a cómo nos sentimos y, por tanto, a lo que hacemos en la vida.

Si te sientes triste y te abruman los pensamientos negativos, puedes considerar la posibilidad de ponerte en contacto con un profesional de la salud mental para darle un empujón a tu salud mental y volver a encaminarte hacia la positividad.

No te limites a ti mismo ni a lo que es posible para ti.

Domina tus pensamientos y cambia tus resultados.

6

Siete Poderosas Formas De Eliminar El Pensamiento Negativo

Los PENSAMIENTOS negativos son un problema mucho más común de lo que crees. Muchos de nosotros los experimentamos todos los días. Por eso es importante entender qué son, de dónde vienen y cómo puedes superarlos.

Los pensamientos negativos son los pensamientos que tenemos y que esencialmente nos hacen adoptar puntos de vista pesimistas. El pensamiento negativo nos lleva a centrarnos en los peores aspectos o resultados de una situación en lugar de los positivos. Este pensamiento negativo puede hacernos experimentar una gran cantidad de estrés, preocupación y tristeza mientras sigamos adoptando estos patrones de pensamiento.

He aquí algunos ejemplos de algunos patrones de pensamiento negativo comunes:

. . .

No voy a intentar perseguir mis sueños porque sé que sólo unos pocos lo consiguen. Yo no seré una de esas personas, así que para qué molestarse en intentarlo.

Me encantaría asumir un nuevo papel en el trabajo, pero ¿seré capaz de manejarlo? Si intento fracasar, puede que la gente sólo me vea como un fracasado. Esto podría hacer mi vida en el trabajo más difícil y menos satisfactoria.

Me gustaría poder hacer presentaciones como esa persona. Pero no se me da bien hablar en público y me da miedo.

Supongo que no estaba escrito en las estrellas para mí. No es una de mis habilidades y no puedo superar mi miedo. Si te sientes identificado con alguno de estos pensamientos, puede que este capítulo sea exactamente lo que estás buscando.

¿Qué causa el pensamiento negativo? El pensamiento negativo es principalmente el resultado del miedo. A nadie le gusta sentir miedo, y a muy pocos nos gusta enfrentarnos a nuestros miedos. Pero el miedo es la fuente de nuestro pensamiento negativo. El miedo nos paraliza y nos impide perseguir las cosas que realmente queremos en la vida mientras intentamos evitar los resultados negativos.

. . .

Para muchos, uno de los principales es el miedo a lo desconocido. Cuando no sabemos, o no podemos predecir el resultado de una situación, optamos por ir a lo seguro. Esto nos lleva a menudo a adoptar un punto de vista pesimista.

Aunque este pensamiento negativo puede permitirnos evitar nuestros miedos, como por ejemplo evitar que tengamos que subirnos a un escenario y dar un discurso, nos impedirá alcanzar todo nuestro potencial. A largo plazo, esto suele conducir a una mayor insatisfacción y más arrepentimiento que adoptar un punto de vista más optimista y arriesgarse a perseguir pensamientos más positivos.

Por eso es tan importante tomar conciencia de lo que nos asusta y evitar que afecte negativamente a nuestra mente de esta manera.

Entonces, ¿hay pensamientos negativos comunes en la gente? Este es un concepto difícil porque cada uno de nosotros es único. Esto significa que una situación que puede hacer que un individuo tenga un pensamiento negativo puede en realidad desencadenar que una persona diferente adopte un enfoque de pensamiento positivo.

Por ejemplo, consideremos que tenemos dos personas.

. . .

Una de ellas ha pasado toda su vida entrenando para ser atleta y no ha estudiado ni un solo día en su vida, mientras que la otra persona ha pasado toda su vida estudiando y no ha hecho ejercicio ni una sola vez.

Si hiciéramos que estos dos compitieran en una prueba atlética, ¿quién crees que sería más probable que adoptara un patrón de pensamiento positivo? Del mismo modo, si hiciéramos que estos dos compitieran en un evento de trivialidades, ¿quién sería más probable que adoptara un patrón de pensamiento positivo?

Lo que quiero decir es que lo que causa el pensamiento negativo en cualquier persona es subjetivo. Va a variar.

Dicho esto, hay algunos miedos comunes, así que aquí están algunos de los pensamientos negativos más comunes:

No soy lo suficientemente bueno para lograr ese objetivo, así que supongo que no tiene sentido ni siquiera intentarlo. Además, si intento fracasar, la gente podría pensar que soy un fracasado.

No podría ser tan bueno como él/ella en eso, tienen un talento natural. Aunque me esforzara, no llegaría a ser tan bueno. Por desgracia, no tengo lo que hay que tener.

. . .

Me gustaría ser tan guapo como esas estrellas de cine y modelos. Entonces le gustaría a la gente y sería súper popular.

Cómo eliminar el pensamiento negativo. Desafiar el pensamiento negativo no es fácil ni sencillo. Se necesita una planificación cuidadosa, paciencia y una buena cantidad de esfuerzo para dominar realmente su mentalidad. Sin embargo, encontrar formas que te permitan superar tu pensamiento negativo es realmente satisfactorio.

Curiosamente, cuando intentamos superar nuestros patrones de pensamiento negativos, el propio pensamiento negativo puede impedir nuestro progreso. De nuevo, tenemos que ser pacientes y mantener una mentalidad positiva. El desarrollo de cualquier habilidad en la vida, requiere tiempo y práctica.

El primer paso para superar el pensamiento negativo es comprender tus pensamientos, qué es lo que desencadena el pensamiento negativo para ti: ¿es una persona, un lugar, una experiencia determinada? Anótalos. Estas ideas nos permitirán reconocer los patrones de pensamiento negativo en nuestras vidas.

El siguiente paso es establecer un plan que te ayude a combatir tu pensamiento negativo en estas circunstancias.

Una vez que hayas creado un plan que creas que te va a funcionar, es el momento de probarlo.

Luego, sólo será un proceso continuo de ajuste de este plan a medida que avanza para descubrir qué estrategias le ayudan mejor a superar su pensamiento negativo. Aquí hay 7 formas poderosas que deberías empezar a probar:

1. No elimines por completo tus pensamientos negativos. Seguro que has oído el dicho de que aquello en lo que te centras se convierte en tu realidad. Esta es la idea en la que se basa mi siguiente punto.

Si pasas la mayor parte de tu tiempo pensando en cómo detener tus pensamientos negativos todo el tiempo, ¿en qué crees que te centrarás? Tus pensamientos estarán siempre en tus pensamientos negativos, por supuesto. Esto sólo aumentará tu ansiedad y te hará sentir peor.

Cuanto más te concentres en tus pensamientos negativos, más probable será que influyan en ti y en tu funcionamiento diario. Por lo tanto, tu objetivo no debería ser eliminar por completo tus pensamientos negativos, sino reconocerlos de forma más eficaz para poder combatirlos cuando surjan.

Decir simplemente que no tendrás nunca un pensamiento negativo no te ayudará a superar tu pensamiento negativo.

· · ·

Sólo puede servirte como estrategia a corto plazo. Esto se debe a que, por mucho que lo intentes, en algún momento vas a tener pensamientos negativos. Y si no te has tomado el tiempo de desarrollar tus sistemas para superar ese pensamiento negativo, entonces se apoderará de ti.

2. Comprende tus estilos de pensamiento. Si puedes entender tus pensamientos, es posible controlar los resultados que están teniendo en ti.

Así que tómate un momento para evaluar cómo piensas ahora mismo. ¿Eres optimista o adoptas un punto de vista más negativo? ¿Aborda las situaciones de forma positiva o negativa? Estas son las preguntas que puedes hacerte para ayudar a arrojar algo de luz sobre tus estilos de pensamiento.

Si has determinado que tienes un enfoque negativo en tu estilo de pensamiento, piensa por qué puede ser. ¿Adopta pensamientos negativos en determinadas situaciones en lugar de en otras?

¿Hay algún acontecimiento, situación, persona o lugar en particular que desencadene un pensamiento negativo para ti de forma constante?

. . .

Una vez que hayas identificado el origen de tu pensamiento negativo, el siguiente paso es poner en marcha un plan para abordar el problema.

3. Desafía tus pensamientos negativos. Una vez que hayas identificado tus pensamientos negativos habituales, intenta encontrar formas de desafiarlos.

Pregúntate si los pensamientos que tienes son realistas. ¿Son representaciones reales de la situación? ¿O tus miedos y enfoques negativos están provocando que tus pensamientos negativos sean exagerados?

¿Apoyarías ese pensamiento si lo tuviera otra persona? Por ejemplo, si tu amigo más cercano dijera que nunca será lo suficientemente bueno para conseguir ese próximo ascenso, ¿apoyarías ese pensamiento? ¿O intervendrías para recordarles lo buenos que son?

Empieza a utilizar estas estrategias también para tu propio pensamiento. No des carta blanca a tus pensamientos negativos.

4. Libérate de tus juicios. La realidad del ser humano es que todos hacemos suposiciones, tenemos prejuicios y juzgamos a los demás basándonos en nuestras experiencias.

Es una de las bases de fenómenos como los estereotipos y la discriminación. Pero esta comparación de nosotros mismos con los demás también puede servir como método para menospreciarnos a nosotros mismos.

Cuando nos fijamos objetivos, nos fijamos en las personas que ya han logrado esos objetivos. Nos fijamos y pensamos en que son mucho mejores que nosotros. Por qué ellos pudieron alcanzar esa meta y por qué nosotros nunca seremos capaces de hacerlo. Estos pensamientos negativos se precipitan y nos arrastran hacia abajo.

Así que intenta dejar de lado este tipo de juicios en los que te comparas con los demás. Te sentirás libre cuando finalmente lo consigas.

La mejor manera que he encontrado para hacer esto es reflexionar más conscientemente sobre tu pensamiento.

Reconoce de dónde proviene este pensamiento negativo dentro de ti, qué estereotipos, suposiciones y prejuicios estás permitiendo que generen estos pensamientos negativos en tu vida. A continuación, modifica esta línea de pensamiento.

5. Aprenda a afrontar las críticas.

. . .

Aunque no hay absolutamente nada malo en levantarse y defenderse en determinadas situaciones, todos podemos trabajar para ser mejores receptores de las críticas, especialmente cuando estas tienen fines constructivos.

Cuando alguien nos critica, pueden surgir muchos pensamientos negativos. Nos centramos sólo en las cosas negativas. Nos inventamos razones por las que no somos lo suficientemente buenos. Esto es algo que puede evitarse fácilmente aprendiendo a afrontar las críticas.

Una de las formas en las que he podido hacerlo es viendo las críticas como oportunidades y no como defectos. Si alguien dice que a mi arte le falta emoción, eso no significa que sea un mal artista, simplemente significa que tengo que centrarme en este aspecto de mi arte para seguir desarrollándolo. Estas críticas me han dado la oportunidad de convertirme en un mejor artista.

6. Céntrate en tus puntos fuertes. Seguro que si reflexionas por un momento sobre los comentarios que recuerdas que la gente hace sobre ti, la mayoría son negativos. Esto se debe a que, como humanos, nos centramos en lo negativo y pasamos por alto lo positivo de nuestra vida. Nos centramos en nuestros errores y defectos y dejamos de lado nuestros éxitos y rasgos positivos.

. . .

Así que intenta cambiar tu enfoque. Esto puede ayudarte a superar tu pensamiento negativo. Cuanto más cambies el enfoque de tu mentalidad hacia las cosas positivas de tu vida, más fácil te resultará pensar y actuar positivamente.

Intenta escribir ahora mismo algunas cosas positivas sobre ti mismo como ejercicio. La próxima vez que pienses negativamente en ti mismo, saca estas afirmaciones positivas o escribe algunas nuevas.

7. Busque apoyo profesional cuando lo necesite. Lo último que mencionaré sobre el pensamiento negativo es que nunca, en ningún momento, debes sentir la necesidad de asumirlo tú solo.

Si su pensamiento negativo se vuelve abrumador en algún momento o interfiere con sus actividades diarias, reconozca que puede necesitar ayuda para vencerlo. No dudes en buscar apoyo si sientes que lo necesitas. Hay montones de personas que están dispuestas y deseosas de ayudarte.

Estos apoyos cambian vidas. Así que si crees que puedes beneficiarte de ellos, asegúrate de aprovecharlos.

Resumen. El pensamiento negativo no es algo a lo que nadie deba someterse continuamente. Te mereces ser feliz.

Entender la raíz del pensamiento negativo es el primer paso para superarlo. Así que haz uso de las estrategias mencionadas anteriormente y elimina esos pensamientos que te frenan.

7

Cómo Tener Pensamientos Positivos Cuando Te Sientes Negativo

El pensamiento positivo puede generar muchas vibraciones positivas en tu vida. Desarrollar una perspectiva optimista puede ser bueno tanto para tu salud física como mental.

Pero a veces surgen ciertas situaciones en la vida que hacen difícil mantener una perspectiva positiva. Toma medidas para que el pensamiento positivo se convierta en tu segunda naturaleza y obtendrás los mayores beneficios.

Aquí tienes 10 maneras de hacer que pensar en positivo sea fácil:

- Pasa tiempo con gente positiva. Si te rodeas de personas que se quejan constantemente, es probable que su negatividad se te pegue. Pasa tiempo con amigos y familiares positivos para aumentar la probabilidad de que sus hábitos de

pensamiento positivo se conviertan en los tuyos también. Es difícil ser negativo cuando todos los que te rodean son tan positivos.
- Asume la responsabilidad de tu comportamiento. Cuando te encuentres con problemas y dificultades en la vida, no te hagas la víctima. Reconoce tu papel en la situación y asume la responsabilidad de tu comportamiento. Aceptar la responsabilidad puede ayudarte a aprender de los errores y evitar que culpes a los demás injustamente.
- Contribuye a la comunidad. Una de las mejores maneras de sentirse bien con lo que se tiene es centrarse en lo que se tiene para dar. Haz algún tipo de voluntariado y retribuye a la comunidad. Ayudar a los demás puede darte una nueva perspectiva del mundo y puede ayudarte con el pensamiento positivo.
- Lee materiales positivos e inspiradores. Dedica un tiempo cada día a leer algo que fomente el pensamiento positivo. Lee la Biblia, material espiritual o citas inspiradoras que te ayuden a centrarte en lo que es importante para ti en la vida. Puede ser una buena manera de empezar y terminar el día.
- Reconozca y sustituya los pensamientos negativos. No tendrás éxito con el pensamiento positivo si sigues estando atormentado por frecuentes pensamientos negativos. Aprenda a reconocer y reemplazar los pensamientos que son excesivamente negativos. A menudo, los

pensamientos que incluyen palabras como "siempre" y "nunca" indican que no son ciertos. Si piensas algo como "Siempre lo estropeo todo", sustitúyelo por algo más realista como "A veces cometo errores pero aprendo de ellos". No es necesario que tus pensamientos sean irrealmente positivos, sino que sean más realistas.

- Establezca objetivos y trabaje para conseguirlos. Es más fácil ser positivo ante los problemas y los contratiempos cuando tienes objetivos por los que estás trabajando. Las metas te darán motivación para superar esos obstáculos cuando encuentres problemas en el camino. Sin objetivos claros, es más difícil decidir y medir tu progreso. Aprende a establecer objetivos inteligentes que te ayuden a conseguir más. La guía de los soñadores para pasar a la acción y alcanzar su objetivo puede ayudarle a conseguirlo. Con la guía, aprenderás a planificar tus acciones para lograr tu objetivo de forma eficaz.
- Considera las consecuencias de la negatividad. Dedica un tiempo a pensar en las consecuencias del pensamiento negativo. A menudo, puede convertirse en una profecía autocumplida.
- Por ejemplo, una persona que piensa: "Probablemente no consiga esta entrevista de trabajo", puede esforzarse menos en la entrevista. Como resultado, puede disminuir sus posibilidades de conseguir el trabajo. Haz una lista de todas las formas en que el pensamiento negativo afecta a tu vida. Es probable que influya

en tu comportamiento, tus relaciones y tus sentimientos. A continuación, crea una lista de cómo el pensamiento positivo podría ser beneficioso.

- Ofrezca cumplidos a los demás. Busque motivos para elogiar a los demás. Sea genuino en sus elogios y cumplidos, pero ofrézcalos con frecuencia. Esto le ayudará a buscar lo bueno en otras personas.
- Crea una lista de agradecimiento diaria. Si llevas una lista de agradecimiento diaria, empezarás a darte cuenta de todo lo que tienes que agradecer. Esto puede ayudarte a centrarte en lo positivo de tu vida en lugar de pensar en todo lo malo que ha ocurrido en el día. Acostumbrarse a mostrar una actitud de gratitud hace que el pensamiento positivo se convierta en un hábito.
- Practica el autocuidado. Cuida de ti mismo y estarás más preparado para pensar en positivo. Descansa y haz ejercicio, y practica una buena gestión del estrés. Cuidar tu salud física y mental te proporcionará más energía para centrarte en el pensamiento positivo.

8

Cinco Poderosas Formas De Acabar Con Los Pensamientos Negativos Y Conquistar Tu Mente

Sí puedes controlar tu mente, puedes controlar tu vida. Si puedes dominar tus pensamientos durante las próximas 12 horas, puedes dominarlos durante los próximos 12 meses.

Esta es la verdad: una vez ganada la batalla de la mente, el resto se limpia.

Esto se debe a que nuestras emociones y nuestros cuerpos seguirán la dirección de lo que domina constantemente nuestra mente. Por lo tanto, si cambias tu forma de pensar, puedes transformar completamente tu vida. Deberías empezar hoy mismo. No, empiece ahora mismo, porque una experiencia vital totalmente nueva comienza con su próximo pensamiento. He aquí las cinco formas eficaces de tomar el control de tu cabeza rebelde:

1. Rechaza cada pensamiento negativo cuando aparezca por primera vez en tu mente.

¿Sabes que esos pensamientos negativos te están infligiendo un grave sufrimiento mental? ¿Los que dices que no puedes liberarte de ellos? Podrías dañarlos seriamente descubriendo y haciendo una cosa: rechazarlos cuando entran por primera vez en tu mente porque es cuando son más débiles.

Todo lo que tienes que hacer es entrenarte para inspeccionar los pensamientos que entran en tu mente, y si algún pensamiento no pasa la inspección, deséchalo. En ese momento, será demasiado débil para ocupar un lugar en tu cabeza.

2. Empezar a actuar como un monje y meditar. Me encanta meditar, pero no lo hago para escapar del mundo. Lo hago inmediatamente para equiparme para invadir el mundo, y así es como debes meditar.

El problema es que nuestras mentes han seguido su propio camino, y no las hemos disciplinado y entrenado de forma consistente. Una de las formas más eficaces de hacerlo es la meditación. Si puedes aprender a controlar tus pensamientos durante sólo 10 minutos, serás más capaz de controlarlos a lo largo del día.

Durante al menos 10 minutos tres veces al día, detente y medita, preferiblemente al levantarte, al comer y antes de acostarte.

3. Deja de desperdiciar gran parte de la única vida que tienes viendo la televisión. Se calcula que una persona media ve hasta 5 horas de televisión al día. Eso supone 1825 horas al año, es decir, 76 días. Esto es lo que lo empeora: ver la televisión pone tu mente en una posición pasiva, lo que significa que no estás trabajando el músculo principal que deberías estar trabajando.

¿Qué tal si reduces tu tiempo de televisión a la mitad y lo sustituyes por la lectura de libros que enciendan y ejerciten tu mente? Y recomiendo los que no sean de ficción. Biografías, how-to, espiritualidad, o cualquier cosa que argumente una posición. Debes alimentar tu ansia de aprender.

4. Utiliza tus palabras para obligar a tu mente a pensar como quieres. ¿Sabías que tu mente seguirá a tu boca? Pruébalo ahora mismo. Lo que hayas dicho tomará inmediatamente el control de tus pensamientos. ¿Qué tal si utilizas esto en tu beneficio?

Siéntate y haz una lista de las principales áreas con las que luchas en tu mente. ¿Necesitas más confianza? ¿Siempre arruinas las cosas con tu ira? ¿Siempre piensas en negativo?

. . .

¿Crees que no tienes lo que hay que tener para triunfar?

Escriba "declaraciones de una nueva creencia" para esas áreas problemáticas y llévelas consigo. Luego, recítelas una y otra vez a lo largo del día, incluso susurrándolas si está rodeado de otras personas. Observe cómo cambia su mente en sólo una semana.

5. Protege tu cabeza de los "ocupantes de la mente". Las circunstancias y las personas son como ladrones que buscan robar tu mente, pero el único que puede protegerla eres tú. Sé egoísta con tu espacio mental. Declara "No hay sitio" a quien quiera ocupar ese lugar.

Incluso tienes que hacer esto con las relaciones personales, porque una de las formas en que la gente busca controlarte es poniéndose en tu mente. Quieren que te preocupes por complacerlos, impresionarlos, perderlos o hacerlos enojar. Para evitarlo, échalos.

Prueba estos 5 métodos efectivos hoy mismo y observa cómo tu mente rebelde se amansa a la obediencia. Comprueba cómo cambian tus sentimientos. Comprueba cómo cambian tus relaciones. Comprueba cómo crece tu confianza.

Comprueba cómo haces más cosas y mejor.

9

Veinte Pequeños Hábitos Te Ayudan A Ser Mentalmente Fuerte

Todo el mundo quiere empezar el año con fuerza, pero lo importante es terminar con fuerza. Muchos propósitos y objetivos nunca se alcanzan porque nos dejamos llevar por lo que ocurre en nuestra vida, y porque no hemos desarrollado la fuerza mental necesaria para seguir adelante cuando el impulso de las celebraciones desaparece.

Sin embargo, gran parte de conseguir tus objetivos y superarlos consiste en ser fuerte mentalmente para cuando lleguen esos momentos difíciles. La disciplina se desarrolla, por lo que impulsará la capacidad continua de tomar grandes decisiones hacia lo que quieres. Recuerda que no debes sacrificar lo que realmente quieres por un poco de placer ahora.

Ser más fuerte mentalmente no significa que tenga que ser un trabajo duro, aquí hay algunos consejos y trucos que pueden ayudarte. Al igual que si quieres ser más fuerte físicamente tienes que hacer ejercicios para mantener los músculos fuertes, construir la fuerza mental tienes que hacer ejercicios para ayudar a construir esos hábitos y creencias.

Una de las mejores formas de desarrollar la fuerza mental es encontrar hábitos y pequeños consejos a lo largo del día para mantener la energía alta, la mentalidad positiva y ayudar a desarrollar hábitos y habilidades que te ayuden a avanzar y a sentirte bien con lo que estás haciendo. Mientras tanto, estarás desarrollando tu fuerza mental de una forma que no te hará sentir agotado y abrumado.

Prepárate para ser mentalmente más fuerte y feliz aplicando algunos de estos consejos:

El estado de tu cama. Cuando haces la cama a primera hora de la mañana ya estás logrando cosas y empezando con buen pie. ¿Recuerdas el dicho: "El estado de tu cama es el estado de tu cabeza"? Tiene mucho de cierto.

Aunque parezca un paso pequeño, tiene enormes beneficios.

Las investigaciones demuestran que las personas que tienden la cama a diario están más contentas con su vida, son más productivas y tienen un mayor sentimiento de orgullo y logro en su día por todas las tareas que realizan.

. . .

Esta pequeña cosa te hace adquirir el hábito de terminar los proyectos inmediatamente por la mañana.

Reduzca la autoconversión negativa a diario. Comprométete a reducir la autoconversación negativa y a aumentar las cosas buenas que te dices a ti mismo. Puede que al principio te sientas ridículo al convertirte en tu propio animador en tu cabeza, pero piensa en lo bien que te sentirás al fortalecer y fortalecer las decisiones sobre tu vida.

Esas mismas decisiones son las que te harán avanzar hacia tu objetivo.

Sé consciente de que los pensamientos negativos pueden colarse rápidamente, pero cuando los descubras, reconoce que no son ciertos y sustitúyelos por un pensamiento positivo.

Crea gratitud. Puedes guardarla en un frasco, en un diario, en una caja de zapatos o donde quieras, pero escribe algo bueno sobre cada día. Esto ayuda a crear gratitud en tu vida.

Siéntate y mira hacia atrás para ver las cosas positivas que has experimentado y logrado, en lugar de sólo los desafíos o las malas rachas que te hicieron querer abandonar al final.

Cambia tu perspectiva. La vida tiene mucho que ver con la perspectiva. Cambia tu perspectiva y podrás cambiar tu vida.

En lugar de quejarte y enfadarte o decepcionarte por los retos que puedan surgir, aumenta tu fuerza mental positiva escribiendo los aspectos positivos y las cosas que puedes aprender de los retos. Intenta encontrar algo por lo que estar agradecido cada día.

Practica la felicidad consciente durante los desplazamientos. La atención plena consiste en estar en el momento. Para sentirte cómodo siendo feliz, practica la felicidad consciente.

Toma un acontecimiento, momento o recuerdo en el que te sientas bien y déjate llevar por esa sensación. Observa cómo se siente en tu cuerpo, cómo cambian tus pensamientos, cómo cambia tu cuerpo y qué se siente; mira si hay algún color que pueda sentir.

Dedica un tiempo a tu estado de ánimo feliz. Al final, nota el sentimiento de felicidad y alegría, viene de ti, y aparece espontáneamente cuando estás en mindfulness en el momento.

. . .

Practica diariamente el ser tu propio mejor amigo. Esta es una gran manera de fortalecerse mentalmente, porque nos enseña a confiar en nosotros mismos, y a no necesitar que otros nos levanten, porque podemos hacerlo nosotros mismos.

La próxima vez que algo no vaya como estaba previsto. O te insultes o critiques, haz una pausa y pregunta:

"¿Dejaría que mi mejor amigo me tratara así?" o "¿Trataría yo a mi mejor amigo así?"

La respuesta es probablemente no, y es una gran idea quererse a sí mismo tanto o más que a su mejor amigo.

Aprende a decir "no" sin dar explicaciones. Como sociedad, hemos decidido en algún momento que tenemos que tener una razón para decir que no, y no querer hacer algo no es una razón suficiente. Si te encuentras en esa línea de pensamiento, deséchalo.

Aprende a decir que no. No tienes que explicar tus acciones ni validar tus decisiones a nadie sobre por qué no quieres hacer algo.

. . .

Practica 10 minutos de autocuidado diariamente. No importa quién seas o a qué te dediques, si no te tomas un tiempo para cuidarte a ti mismo, al final te quedarás seco y no podrás amar y cuidar a los que te rodean.

El autocuidado puede ser algo tan complejo como hacerse la manicura o un día de spa, o tan simple como encerrarse en la habitación durante diez minutos para tener un tiempo a solas. Si crees que no tienes 10 minutos, deja que la verdad de las palabras se asiente: ("Si no tienes 10 minutos, no tienes vida"). No importa lo que sea, asegúrate de crear algún espacio y/o actividades que te hagan sentir pleno y feliz.

Cambia tu hábito, el que te da alegría. Esta es una gran forma de autocuidado. Mira a ver si puedes encontrar un hobby o una actividad que te guste sólo porque te hace sentir mejor.

A medida que adquieras más confianza y competencia en ello, descubrirás cómo la confianza y la autoestima se trasladan a otras áreas de tu vida. El discurso positivo que utilices y la alegría que encuentres en tu afición te ayudarán a ser más fuerte mentalmente cuando te enfrentes a los aspectos más difíciles del objetivo que hayas elegido.

. . .

Ponte como objetivo practicar más la gratitud y menos la queja. Quedar atrapado en el ciclo de las quejas puede hacer que sea difícil estar cerca de ti, pero también puede hacer mella en tu salud mental. En lugar de quejarte sin parar de una situación, intenta encontrar algo por lo que estar agradecido.

Hábito de dormir una noche al menos 8 horas. Habrás visto a los niños pequeños perder la cabeza cuando están demasiado cansados. A los adultos nos pasa lo mismo, sólo que rara vez acabamos desmayados en mitad de la cena. Cuando estás demasiado cansado, tomas malas decisiones, tu fuerza mental disminuye, tu mente racional se convierte en la de un niño de 6 años y tu cuerpo responde aumentando las hormonas del estrés.

Haz del sueño una prioridad para ayudarte a mantenerte mentalmente fuerte. Un mínimo de ocho horas es esencial, si eres cualquier tipo de atleta, cuanto más mejor. Si estás estresado, asegúrate de que te estás dando el tiempo suficiente para descansar y relajarte antes de irte a dormir para permitir que tu cuerpo maximice las horas de sueño.

Hábito de comer alimentos limpios a diario. Nuevas investigaciones están mostrando la relación entre tu salud intestinal y tu estado de ánimo, y una cosa que se relaciona directamente con tu salud intestinal es la comida que pones en tu cuerpo.

Al reducir los alimentos inflamatorios, como las alergias alimentarias, los cereales, los productos lácteos y el alcohol, puedes reducir el estrés de tu sistema digestivo.

Un sistema digestivo más saludable. Un sistema digestivo más saludable significa menos días de enfermedad, más energía y también puede mejorar los síntomas de depresión y ansiedad.

Intenta dejar de comer fuera y tener sólo comida que hagas en casa.

Reducir a la mitad tu tiempo en las redes sociales. En las redes sociales ponemos lo mejor de nosotros mismos, y esto puede acabar con nosotros tratando de comparar nuestras vidas con los mejores momentos de la vida de otras personas. Hacerlo puede hacer que te sientas mal y descontento sobre dónde estás en la vida y las grandes cosas que has logrado. También puede hacer que te olvides de la cantidad de grandes vidas que tocas a lo largo del día por ser la increíble persona que eres.

Dedica la mitad de tu tiempo a las redes sociales y pasa el tiempo reconectando con la gente que quieres, leyendo un libro o practicando el hobby que te gusta. Sea cual sea la actividad que realices, asegúrate de que es algo que te anima.

Lee diariamente al menos tres citas inspiradoras. Cuando las cosas se pongan difíciles y sientas que no estás progresando, las palabras edificantes pueden ayudarte a mantener el rumbo.

Tómate el tiempo de colgar unas cuantas citas o imágenes inspiradoras en algún lugar donde las veas todos los días.

Las palabras de ánimo y la motivación pueden acompañarte cuando estás en un mal momento.

"No hay que arrepentirse de nada en la vida. Si es bueno, es maravilloso. Si es malo, es una experiencia".

"Deja de temer lo que puede salir mal y piensa en lo que puede salir bien".

"Si tienes el poder de hacer feliz a alguien, hazlo. El mundo necesita más de eso".

Visualiza tus objetivos a diario. Tómate el tiempo necesario para visualizar el resultado de tus objetivos y también los retos que vas a superar entre ellos. Además de visualizar tu objetivo, intenta planificar cuidadosamente el camino para conseguirlo.

La guía de los soñadores para pasar a la acción y alcanzar tu meta puede ayudarte a hacerlo. Es una guía gratuita que puede ayudarte a planificar y alinear tus acciones diarias con tu objetivo.

Practica la visualización de cómo vas a resolver posibles problemas. Visualízate donde quieres estar y siente lo bien que te sientes al lograr tus objetivos.

Deja de lado las tendencias de complacer a la gente. Para ser una buena persona, a menudo nos excedemos y nos comprometemos con cosas que realmente no queremos hacer.

Acepta el hecho de que no puedes complacer a todo el mundo. Deja de lado la necesidad de dejar que la felicidad y los objetivos de los demás anulen lo que es mejor para ti, tu salud y tu felicidad.

Permita un presupuesto mensual, que incluya algo divertido. Cualquier cosa divertida debería servir, no tiene que ser grande. Puede ser comprar una camisa nueva, ir al cine o comprarse el baño de burbujas favorito, algo que normalmente no se permite alcanzar, algo que le hará sonreír y se sentirá de maravilla cuando entre en contacto con él.

. . .

Ya sea encendiendo su nueva vela o sumergiéndose en una bañera con su baño de burbujas favorito, permítase un pequeño derroche cada mes o cada pocas semanas.

Deja de complacerte en relaciones o actividades que te drenan la energía. Ve a donde te celebren. Haz cosas que te hagan sentir feliz. Hazte más fuerte mentalmente construyendo relaciones positivas y dejando atrás las tóxicas.

Dejar atrás relaciones o lugares tóxicos no es fácil, pero comprométete a ser más fuerte. Sin el desgaste mental y emocional, encontrarás más energía y más felicidad a lo largo del día.

Elimina la palabra "debería" de tu vocabulario. Piensa en la última vez que pensaste que deberías hacer algo. No fue precisamente un pensamiento divertido y emocionante, ¿verdad?

El "debería" suele venir acompañado de sentimientos de obligación y gran responsabilidad, y rara vez de un sentimiento de alegría. El "debería" tiende a venir acompañado de autocrítica y juicios severos, ninguno de los cuales apoya los cimientos que estás construyendo este año para hacerte más fuerte mentalmente.

. . .

En lugar de utilizar "debería", reformule su frase como algo que le gustaría hacer. Por ejemplo, "Me gustaría ser más fuerte mentalmente". O "Me gustaría estar más sano físicamente".

Escribe en tu diario tres páginas o cinco minutos por la mañana y/o por la noche. Si eliges llevar un diario por la mañana, escribe sobre tus sueños, vuelca todas tus preocupaciones o inquietudes en la página, para expresar de forma creativa todo lo que pueda haberte preocupado la noche anterior. También es una buena manera de escribir tus objetivos e inspiraciones para el día, para tener una idea de lo que quieres que ocurra y un plan de acción.

Si eliges llevar un diario por la noche, relájate sobre todas las cosas que puedan haberte estresado y celebra todas las cosas que hayas hecho bien. Sea cual sea el enfoque que adoptes, recuerda:

Con una práctica positiva constante, puedes fortalecer tus músculos mentales y, con el tiempo, te harás más fuerte mentalmente.

10

Consejos Prácticos Para Ser Más Feliz

SÉ PACIENTE

La paciencia desempeña un papel importante en la fijación de objetivos. Lo lamentable es que muchas personas se fijan objetivos y se rinden antes de ver resultados. Mucha gente empieza algo nuevo, como una dieta o un negocio, y abandona después de una semana. La razón más importante es que no tienen la paciencia necesaria para cumplirlo. El objetivo es realista, es simple, es pequeño, pero no ocurre lo suficientemente rápido para ellos.

Así pues, dediquemos algo de tiempo y un poco de paciencia a ver cómo superar nuestra falta de paciencia.

En primer lugar, tienes que darte cuenta de que alcanzar tus objetivos te llevará tiempo.

¿Cuántas veces te has sentado a escuchar a una persona de gran éxito hablar de lo increíblemente fácil que fue para ellos ganar dinero con su negocio? ¿Te hablan también de los otros diez negocios que fracasaron? ¿Te hablan de todas las largas horas de trabajo y lectura? No, no lo hacen. ¿Por qué querrían hablar de las luchas? La respuesta es muy sencilla. Quieren venderte lo que sea que estén tratando de vender, ya sea un libro o un programa.

¿Qué probabilidades hay de que una persona compre su producto si le dice a la gente la verdad sobre lo difícil que es llegar a donde está? Pocas o ninguna. Sólo vamos a ver el producto terminado después de que hayan superado todas las dificultades.

Si no me cree, piense en todos esos anuncios de pérdida de peso de Nutrisystem, Weight Watchers, Jenny Craig, etc.

Hacen que parezca tan fácil perder peso, y todas estas personas que ya han alcanzado sus objetivos, pero no se ven las luchas que enfrentaron mientras perdían ese peso. Eso es cierto incluso para los que están en dietas como Nutrisystem donde todas sus comidas están hechas para ellos. Todavía van a experimentar los mismos antojos que las personas en Weight Watchers pueden experimentar.

. . .

No hay éxitos de la noche a la mañana. Tus objetivos van a llevar tiempo y plantear tu objetivo es sólo una pequeña parte del proceso. Todas las personas de éxito te dirán que tienes que ser paciente para alcanzar tus objetivos. La paciencia es una de esas cosas que todos hemos perdido debido a nuestro entorno de noticias instantáneas.

En segundo lugar, la paciencia es una virtud. Toda persona de éxito se da cuenta en algún momento de que se necesita paciencia y tiempo para alcanzar sus objetivos. Si te planteas un objetivo y lo cumples en una hora o en un día, entonces es probable que haya sido demasiado fácil. Pero también te ha enseñado que eres completamente capaz de alcanzar un objetivo. Esto te dará la confianza necesaria para luchar por objetivos más grandes.

La fijación de objetivos y la paciencia, juntas, son una combinación maravillosa porque crean un gran equipo. Ser paciente nunca es malo. No ser paciente es la única forma segura de perder la oportunidad de alcanzar tus objetivos y cambiar tus hábitos. Esta es la razón por la que muchas personas acaban abandonando sus objetivos antes de que las semillas de los mismos tengan la oportunidad de echar raíces. No es posible plantear un objetivo y esperar alcanzarlo en un solo día. Si subes una montaña y sólo tardas una hora en llegar a la cima, probablemente no sea una montaña enorme.

. . .

Se supone que las montañas y las metas son difíciles para que nos empujen a hacer algo que nunca hemos hecho antes. Tu gran objetivo no tiene por qué ser algo que nadie haya hecho antes. La meta debe ser simplemente algo que no hayas hecho antes, que te empuje más allá de los lugares donde has estado.

Esto es lo que significa realmente "la paciencia es una virtud", porque el objetivo debe hacerte mejor de lo que eras antes. Esto es lo que hace que la paciencia para fijar objetivos sea tan importante.

PREPÁRATE PARA SENTIRTE INCÓMODO

En este punto, has llegado al final de la primera semana, haciendo estos cambios y manteniéndolos. Es normal que la gente empiece a cuestionar su cordura y quiera rendirse. Todos hemos pasado por eso, pero adivina qué, hoy te vas a sentir cómodo con la sensación de incomodidad. El cambio sólo puede producirse cuando las cosas se vuelven incómodas. El carbón no puede convertirse en un diamante sin presión, y una perla no puede hacerse sin arena.

En cuanto tienes completamente claro qué es lo que quieres cambiar en tu vida, empiezas a notar que te sientes más obligado que nunca a hacer lo que no debes. Nunca has deseado tanto un cigarrillo, un trozo de pastel o un refresco.

Inhalas profundamente y lo sueltas mientras te recuerdas que no hay absolutamente nada de lo que preocuparse, y entonces te entra una oleada de pánico. Decides que vas a empezar a tomar decisiones saludables y a cocinar tus propias comidas, pero entonces te encuentras sentado en el drive-thru de McDonald's.

Así es como se desarrolla la indefensión aprendida. Quieres hacer un cambio en tu vida, pero te encuentras con una resistencia que parece completamente inútil. Esto no significa que seas débil de voluntad. Hay una razón psicológica por la que los malos hábitos sólo empeoran cuando intentas deshacerte de ellos. Dentro del ámbito de la psicología del comportamiento, es lo que se conoce como "ráfagas de extinción".

Se experimenta una explosión de extinción cuando se intenta cambiar un hábito porque ya no se refuerza. Esto es lo que ocurre normalmente cuando un niño tiene una rabieta o actúa para llamar la atención. Cuando no obtienen la respuesta normal a un determinado comportamiento, éste se refuerza. A primera vista, puede parecer que todo el trabajo y los intentos de cambio son en vano. Lo creas o no, los malos comportamientos alcanzarán su punto álgido justo antes de desaparecer.

Esto también ocurre con los adultos, pero de manera diferente.

La mayoría tendrá que alcanzar sus propios límites de ancho de banda, zona de confort y tolerancia a la ansiedad antes de que un gran cambio sea realmente posible en su vida. El mayor reto al que nos enfrentamos la mayoría de nosotros cuando intentamos hacer un gran cambio en la vida es que nos encontramos con una resistencia más intensa que la que hemos encontrado antes.

Lo que debes recordar es que cuando experimentas que el mal comportamiento se fortalece, es porque ha sido amenazado. Eso significa que estás a punto de deshacerte de él y que todo lo que crees que el comportamiento está haciendo por ti se pone en riesgo también. En realidad no estás condenado, indefenso o roto, y definitivamente no eres débil por experimentar esto.

De la misma manera que los padres condicionan a sus hijos cuando crecen, nosotros también nos condicionamos con las cosas a las que nos exponemos regular y repetidamente. Nos pasamos toda la vida construyendo una zona de confort y luego vivimos en ese espacio sin esfuerzo hasta que no cambiar es menos cómodo. Los seres humanos están cableados para buscar, crear y permanecer dentro de lo que se considera seguro. Un gran cambio, especialmente cuando se trata de nuestros hábitos o identidad, está fuera de esta zona feliz. Por eso nos enfrentamos a la resistencia.

. . .

Al final, el mal hábito del que quieres deshacerte es en realidad un mecanismo subconsciente de afrontamiento.

Cuando dejas de alimentar tu mal hábito, te expones a los sentimientos que suelen desencadenarlo. Por ejemplo, quieres ser más productivo. Anular el sentimiento de que debes dejar de trabajar cuando te enfrentas a un reto será desencadenante, y entonces los sentimientos de incompetencia e inferioridad pueden ser más fuertes que nunca.

De lo único que estás seguro es de que todo parece mucho más difícil que antes. Lo que no sabes es que ahora mismo estás a punto de tener un gran avance.

No hay consejos ni trucos mágicos para superar esta sensación de incomodidad o resistencia. Simplemente tienes que encontrar la motivación que te haga seguir adelante.

Recuérdate a ti mismo que cuanto más difícil sea, más cerca estarás de deshacerte de ese hábito.

CENTRARTE EN LAS COSAS QUE QUIERES

A la mayoría de la gente le resulta muy fácil decir lo que no quiere.

De hecho, cuando se habla de cambiar su vida a mejor, la gente es más propensa a decir las cosas de las que quiere deshacerse. Dicen cosas como "no quiero esta deuda" o "no quiero vivir en una casa pequeña", etc. El poder del enfoque es una capacidad asombrosa que tiene nuestra mente. Pero una capacidad de enfoque poco desarrollada nos va a complicar la vida. Eso es lo que ocurre con las afirmaciones de "no". Muchas tareas acaban pareciendo totalmente imposibles.

Si te tomas el tiempo para desarrollar adecuadamente tu capacidad de concentración, todas esas distracciones desaparecerán. Tus tareas se convertirán en un esfuerzo y te lanzarás directamente a lo que tienes que hacer y lo completarás con facilidad. Dentro del cerebro, tienes un mecanismo muy peculiar conocido como el "Sistema de Activación Reticular" o SRA.

Este increíble sistema te da la oportunidad de filtrar la inmensa cantidad de datos que fluyen constantemente por tu cerebro para que puedas averiguar exactamente lo que es importante. Sin este sistema, acabarías abrumado por los datos que tienes que procesar en tu día a día.

Tu SRA es capaz de aprender tus hábitos de enfoque, y con esa información, filtrará todos los datos a los que te enfrentas durante el momento. Básicamente, sólo vas a encontrar lo que estás buscando.

La Ciencia de la Felicidad

Lo que habitualmente se enfoca puede verse como un par de gafas con cristales de colores. Cuando te pones esas gafas, todo se tiñe de ese color. De la misma manera, aquello en lo que pasas tu tiempo enfocado va a determinar la textura y el color de tu vida.

Esta es la razón por la que tienes que hacer un esfuerzo sincero para cultivar una mentalidad feliz y positiva. Cuanto más elijas centrarte en las cosas buenas, en las cosas que quieres, en los sentimientos de felicidad y en sentirte bien, más van a aparecer todas estas cosas buenas dentro de tu entorno porque eso es lo que tu SRA va a percibir.

Cualquiera que sea tu punto de enfoque determinará los pensamientos que están dentro de tu mente.

Inevitablemente, si empiezas a concentrarte en pensamientos sobre tus pies, esos pensamientos van a empezar a fluir por tu mente. Esto es cierto con cualquier tema. El enfoque de tu mente puede ser visto como una orden directa dada a tu mente. Le dice a tu mente en qué tiene que pensar a continuación, y es muy importante que le des las órdenes que te llevarán hacia una vida mejor. Eso es lo que todos queremos, después de todo.

Si te permites centrarte únicamente en la razón por la que eres capaz de alcanzar tus sueños y objetivos, vas a encontrar fácilmente esos caminos. Del mismo modo, si decides centrarte únicamente en las razones por las que no puedes alcanzar tus objetivos, también las vas a encontrar. Aunque pueda parecer demasiado simplista, lo cierto es que todo lo que tienes que hacer es buscar lo que quieres.

Somos muchos los que pasamos por nuestra vida sintiendo que estamos condenados a la "mala suerte". Es importante entender que no hay nada misterioso o supersticioso en la forma en que funciona el Universo. No juega ningún juego, y definitivamente no tiene favoritos. Funciona siguiendo una ley establecida, que muestra claramente en cada estrella del cielo y en cada brizna de hierba.

Las personas más exitosas de este planeta son las que se empeñan en estudiar cómo funcionan estas leyes y tratan de vivir su vida lo mejor posible de acuerdo con ellas. La "mala suerte" sólo ocurre cuando una persona se ha centrado en ella. Las personas que caen en esta trampa creen que son simplemente lo que son, y piensan que están condenadas al fracaso y a la pobreza.

Cuando nos centramos en esto, no nos traerá más que fracaso y pobreza. Siempre que notes que una persona fracasa, es muy probable que su problema haya sido tener pensamientos de fracaso.

. . .

Pero, cuando ves a personas que tienen éxito en su vida, puedes estar seguro de que sus pensamientos se han centrado en el bienestar y el éxito. Tus pensamientos son los que crean tu realidad, y tus pensamientos están determinados por tu punto de enfoque. Empieza hoy mismo a intentar centrarte sólo en aquellas cosas que quieres en tu vida, como el éxito, la facilidad, la conectividad, el amor y la felicidad. Esto te ayudará a cambiar tu vida y a alcanzar tus objetivos.

Hay una trampa complicada en la que algunas personas caen cuando se trata de pensar sólo en lo bueno y en las cosas que quieren. La gente empieza a pensar que si el más mínimo pensamiento negativo aparece en su mente, creen que están condenados y acaban de arruinar su éxito. Lo mismo ocurre si se sienten deprimidos por alguna razón. Por suerte para ti, tenemos un capítulo en el que hablaremos de aceptar todas las emociones que experimentas, porque eso es tan importante como centrarse en lo que quieres.

El punto principal de esto es que necesitas trabajar en enfocar exactamente lo que quieres cambiar y traer a tu vida. Esto hace que tu mente se centre en lo más importante. Estás desperdiciando un precioso poder cerebral cuando decides centrarte en todo lo que no debes hacer. Deshazte de los "no" e introduce los "sí" para que puedas ver el cambio que quieres en tu vida.

. . .

CUIDADO CON LAS COSAS QUE DICES

En el mundo de la fijación de objetivos y los cambios de hábitos, hay dos cosas que son fundamentales cuando se trata de la redacción de su definición. En primer lugar, tienes que ser increíblemente específico. Los conceptos ambiguos o el lenguaje vago sólo van a dificultar la adhesión a los mejores plazos para las cosas que quieres lograr. Este es uno de los criterios más importantes del método SMART de fijación de objetivos, con el que probablemente estés bastante familiarizado. Sin embargo, para ampliar esto, debemos ser capaces de entender el resultado de utilizar diferentes formas de vocabulario a la hora de definir nuestros objetivos. Se trata del concepto de lenguaje positivo frente al negativo y sus palabras están íntimamente relacionadas con la idea de especificidad.

Vamos a analizar a dos personas que son, en su mayoría, muy similares en cuanto a posición social, medios, capacidad y talento. Para este ejemplo, esas dos personas son casi idénticas en cuanto a los recursos que pueden utilizar para alcanzar sus objetivos. Ambos tienen el mismo objetivo de correr la maratón de Boston y terminar la carrera en menos de cuatro horas. Los dos llegan a su meta.

La persona número uno dice: "Quiero completar el maratón de Boston en menos de cuatro horas este año".

. . .

La persona número dos dice: "Terminaré el maratón este año y completaré la carrera en menos de cuatro horas".

Si todo lo demás es igual entre estas dos personas, ¿quién crees que va a tener éxito en la consecución de sus objetivos? Para averiguarlo, hay que fijarse en la redacción y el lenguaje específico de su objetivo. El lenguaje positivo afirma la afirmación, es más audaz y tiene más fuerza. El lenguaje negativo deja lugar a la duda, es más débil y proporciona una excusa si las cosas no salen como están previstas.

La primera persona utiliza un lenguaje negativo al decir que desea o quiere alcanzar un objetivo. Ya ha mostrado que tiene sus propias dudas sobre la posibilidad de alcanzar su objetivo, simplemente al expresarse así. La segunda persona ha creado una postura firme en la que cree que alcanzará su objetivo. No se han dado una alternativa y han tomado una decisión concreta que deben crear sus acciones. Hay que tener mucho cuidado con la forma de expresar los objetivos y darse cuenta de que el poder de las palabras determinará la mentalidad. Esto va de la mano con lo que discutimos en el último capítulo.

Para nosotros, los seres humanos, es perfectamente natural experimentar dudas cuando se trata de tomar grandes decisiones importantes en nuestra vida o de elegir abordar un gran problema.

Cualquier objetivo que sea verdaderamente significativo te va a asustar. Por eso es importante tomarse un tiempo para pensar en el lenguaje interno que utilizas a diario. El lenguaje negativo es algo bastante común cuando se trata de cómo nos hablamos a nosotros mismos.

Tienes que recablear tu cerebro para que pienses en positivo y empieces a adoptar una postura más firme en todas tus decisiones a la hora de alcanzar tus objetivos. No sólo es importante que definas tus objetivos utilizando un lenguaje positivo, sino que también es igual de importante que refuerces esta positividad en tu diálogo interno diario.

Siempre que empieces a pensar en tu objetivo, o si te enfrentas a tomar una gran decisión, asegúrate de prestar mucha atención a esa voz que tienes en el fondo de tu mente. ¿Cuál es el principal tipo de lenguaje que tiende a utilizar consigo mismo? Si descubres que es principalmente negativo, entonces tienes que tomarte el tiempo de reformular esas afirmaciones negativas en algo que sea positivo.

Hay cuatro tipos principales de autoconversión negativa. El primero es culparse a sí mismo. Cuando hay momentos en los que hay que asumir responsabilidades, culparse en exceso no es productivo. De hecho, está estrechamente relacionado con la depresión. Estate atento a pensamientos como "todo es culpa mía" o "lo he estropeado todo".

. . .

La segunda es buscar las malas noticias. Es fácil fijarse en las cosas malas, aunque hayan pasado nueve cosas buenas y sólo una mala. Quedarte con esas cosas malas te mantiene atascado en el lugar oscuro. Tienes que dar un paso atrás y conseguir una perspectiva más realista y equilibrada.

La tercera es una suposición infeliz. Aunque no sepas cómo va a ser el día de mañana, podrías encontrarte prediciendo lo peor. Si empiezas a imaginar que te vas a caer de bruces durante tu presentación, esto podría convertirse en una profecía autocumplida. Tienes que hacer lo mismo que hiciste con las malas noticias, pensar en cómo podría ir bien la presentación.

La última es ser exageradamente negativo. Aquí es donde te dices a ti mismo que una pequeña cosa que puede haber sido ligeramente mala es completamente terrible y un desastre. Cuanto más negativo creas que es algo, peor se sentirá.

Una vez que hayas detectado tu discurso negativo, puedes sustituirlo por algo verdadero. Si te encuentras diciendo: "Nunca voy a ahorrar suficiente dinero para esa casa", puedes cambiarlo y decir: "Puedo idear un plan claro para ahorrar dinero y poder permitirme esa casa".

. . .

Cuando cambies esos pensamientos excesivamente negativos por otros más realistas, te sentirás inspirado para emprender acciones positivas.

DESCUBRE TUS PUNTOS FUERTES

Es propio de la naturaleza humana que las personas se comparen con las personas que más les rodean. Es natural que te sientas inferior o superior a ellos por sus debilidades o fortalezas.

Cada persona es diferente, y cada uno funciona de forma distinta debido a su personalidad. Lo importante es conocer tus capacidades y a ti mismo. Tus puntos fuertes son las cosas de las que puedes depender y que te ayudan a superar tus límites.

Básicamente, tus puntos débiles no son tu perdición. Son sólo algunas áreas que necesitas mejorar. No son nada que te falte. Son cosas que tienes que desarrollar. Para utilizar tus puntos fuertes y mejorar tus puntos débiles, primero tienes que saber cuáles son.

La mayoría de la gente no tiene ni idea de cuáles son sus puntos débiles o fuertes. Tenemos que dedicar tiempo a evaluarnos a nosotros mismos si queremos mejorar nuestro propio desarrollo.

Tu mayor fortaleza va a ser lo que te resulte más fácil.

Tómate tu tiempo y piensa en lo que puedes hacer de forma natural. Puede ser cualquier cosa. Puede que no tengas problemas para hablar con la gente cuando la conoces por primera vez. Tal vez puedas pensar en soluciones cuando te encuentres en un ambiente tenso.

Prueba este ejercicio. De la lista de palabras que aparece a continuación, escoge las cinco que más se parezcan a ti y ponlas en orden. La última -o la número cinco- será la que menos te suene, mientras que la número uno es la más parecida a ti.

No elijas los atributos que te gustaría tener. Escoge sólo los que realmente se parezcan a ti. Puedes elegir más de cinco si quieres.

Una vez que tengas tu lista, sabrás cuáles son tus puntos fuertes. Puedes utilizarlos para ayudarte a conseguir todo lo que quieres:
- Orientado a la acción
- Atlético

- Compasivo
- Valiente
- Disciplinado
- Centrado
- Inteligente
- Optimista
- Paciente
- Orientación al equipo
- Aventurero
- Auténtico
- Creativo
- Fuerte
- Orientación al detalle
- Líder
- De mente abierta
- Empatía
- Con fuerza de voluntad
- Analítica
- Comunicativo
- Útil
- Organizado
- Responsable
- De confianza
- Confianza
- Determinado
- Inteligencia emocional
- Flexible
- Inspirador
- Motivado
- Autocontrolado
- Visionario

Conozca sus puntos débiles

Es tan importante conocer tus puntos débiles como tus puntos fuertes. Tus debilidades te van a impedir conseguir muchas cosas maravillosas. Los puntos débiles son cosas que tienes que superar. Puede ser cualquier cosa, desde las habilidades sociales hasta hablar con extraños.

El siguiente ejercicio es similar al que hiciste antes. Vas a elegir cinco cosas de la lista que crees que te representan. El número cinco es el que menos se parece a ti y el número uno es el que más se parece a ti.

Una vez que tenga la lista de puntos débiles, puede empezar a ocuparse de ellos.
- Agresivo
- De mente cerrada
- Cínico
- Ignorante
- Insensible
- Vagos y perezosos
- Ingenuo
- Prejuicios
- Poco profundo
- Testarudo
- Vago

- Arrogante
- Quejarse
- Temeroso
- Impaciente
- Lengua suelta
- Imprudente
- Despilfarro
- Despectivo
- Codicioso
- Impulsivo
- Irresponsable
- Obstructivo
- Tímido
- Estricto
- Caótico
- Controlar
- Vacilante
- Indiferente
- Pasivo
- Egoísta
- Desaliñado
- Indisciplinado

¿Por qué necesita conocer sus debilidades y fortalezas?

Cuando conoce sus debilidades y fortalezas, se conoce mejor a sí mismo y su funcionamiento. Conocer tus puntos fuertes te dará muchas oportunidades. Si estás tratando de encontrar el camino profesional adecuado, podrás reducirlo a un determinado trabajo basado en las cosas que se te dan bien.

También pueden ayudarte a crecer. Cuando sabes en qué eres bueno, puedes lograr más y apuntar más alto.

Cuando conoces tus puntos débiles, comprendes mejor las cosas que te frenan. Podrás encontrar formas de no permitir que esas debilidades te hundan.

¿Necesitas centrarte en tus debilidades o en tus puntos fuertes? La mayoría de la gente quiere saber si es más importante centrarse en sus puntos fuertes o mejorar sus puntos débiles. Normalmente, es mejor centrarse en los puntos fuertes. Son aquello en lo que ya eres bueno, así que no deberías invertir demasiado esfuerzo y tiempo en ello.

Cuando te centras en tus puntos fuertes, se trata de buscar oportunidades en lugar de problemas. No te centres en los aspectos negativos; centra tu energía en lo que se te da bien.

Cuando te centras en tus puntos débiles, estás disminuyendo tu confianza en ti mismo, tu rendimiento y tu entusiasmo. Normalmente no conseguirás mucho cuando intentas arreglar tus debilidades. Pero cuando trabajas en tus debilidades, esto puede ayudar a mejorar tu crecimiento personal.

. . .

Si mejoras algo en lo que no eres bueno, mejorar sólo un poco puede suponer una gran diferencia en tu rendimiento.

Nunca intentes eliminar o arreglar tus puntos débiles. No va a funcionar. Intenta evitarlos.

Encuentra alguna manera de que no te impidan o te frenen.

Supongamos que eres responsable de la planificación de un gran evento para un cliente y sabes que vas a necesitar carteles para anunciarlo. No eres un artista, pero se te da muy bien coordinar cosas, utiliza tus puntos fuertes en este caso. Busca un equipo para diseñar los carteles y trabaja con ellos para asegurarte de que consigues todo lo que quieres.

Aquí es donde es importante conocer tus debilidades y fortalezas. Es necesario para tu crecimiento personal y tu autodesarrollo. Hay muchas cosas maravillosas que puedes lograr si sabes lo que puedes hacer. Puede mostrarte tu verdadero potencial.

ESCRIBA LO QUE QUIERE CONSEGUIR

Es posible que en algún momento de tu vida alguien te haya dicho que tienes que escribir tus objetivos. Esto puede sonar un poco a tópico, pero hay algo de verdad detrás de escribir los objetivos y luego cumplirlos. Hay un 42% más de probabilidades de alcanzar tus objetivos si los escribes con regularidad.

Todo esto tiene que ver con el funcionamiento del cerebro.
Cuando escribas las cosas que quieres, estarás activando ambas partes del cerebro: la mitad izquierda, basada en la lógica, y la mitad derecha, basada en la imaginación. Esta práctica es muy conocida entre la comunidad empresarial. Muchos directores generales utilizan esta técnica para no perder de vista sus responsabilidades.

Los objetivos te ayudarán a convertirte en una mejor versión de ti mismo. Es posible que nunca hayas adquirido el hábito de escribir tus objetivos. Esto es cierto para muchas personas. Menos del 20 por ciento de las personas han dicho que escriben sus objetivos de forma muy descriptiva.

El ser humano procesa las imágenes unas 60.000 veces más rápido de lo que se imagina. Cuando escribes tus objetivos, puedes verlos realmente. Esto es importante porque una vez que podemos ver algo de forma diferente, afectará a nuestra forma de actuar. Serás más productivo si ves las cosas que tienes que hacer en lugar de sólo pensar en ellas.

Sigue tu progreso

. . .

Tienes que controlar tus progresos. Vas a fracasar de vez en cuando. También tienes que hacer un seguimiento de tus fracasos para no cometer los mismos errores una y otra vez.

Una vez que veas los progresos que has hecho, te animarás a seguir adelante.

El seguimiento del progreso le permite ver lo que le ha funcionado mejor. Es una forma de recordarte a ti mismo lo que te gustaría conseguir. Puedes distraerte fácilmente y perder tus pensamientos. Si lo escribes todo, puedes volver a ponerte en marcha.

La mayoría de la gente tiene objetivos que escribir, pero no es fácil hacerlo. Si te resulta difícil llevar tu visión a la realidad escribiéndola, no permitas que eso te frene. Hay servicios y herramientas que pueden ayudarte.

Todo el mundo quiere alcanzar el éxito y escribir lo que quiere es un buen punto de partida. Es fácil de hacer y te ayudará a ser más eficaz y a reducir tu estrés al mismo tiempo. Es el momento de probarlo y hacer realidad tus objetivos.

Alcanzar metas más grandes

. . .

Los objetivos pueden resultar abrumadores de vez en cuando. Una buena técnica es dividirlos en otros más pequeños. La mayoría de las personas sobrestiman su capacidad cuando hacen un cronograma.

Intenta que el calendario sea lo más realista posible y divide los grandes objetivos en partes. Aquí es donde resulta útil anotar las cosas. Asegúrate de que tus objetivos son medibles y concretos.

Reduzca su estrés

Cuando sacas tus objetivos de la cabeza y los pones por escrito, se reduce el estrés. No se librará del factor estresante, pero puede eliminar la carga de mantener todo embotellado en su interior. Una vez que tengas todos tus objetivos por escrito, ganarás control sobre cómo reaccionas emocionalmente. Una vez que hayas cumplido tus objetivos, te sentirás más en paz contigo mismo.

Mejora del enfoque

Si te centras en las cosas que estás haciendo, dirigirás tu energía hacia los objetivos y obtendrás mejores resultados. Es más fácil dejar de lado las cosas si necesitas centrarte en otras. Los objetivos que se escriben le ayudarán a mantenerse en el camino y a tener una mejor concentración. Una vez que tus objetivos estén claramente definidos, será fácil deshacerse de las distracciones.

Aumenta tu motivación

Esta es la razón más importante por la que debes escribir tus objetivos. Utilizar tus objetivos motivará tus acciones. Intenta utilizar los objetivos para crear hábitos, ya que los hábitos impulsarán el rendimiento. No puedes controlar todo, pero los objetivos te ayudarán a tener suficiente control para que puedas ver algunos resultados.

Piensa en tu vida por un momento, ¿cuánto tiempo dedicas a pensar en hacer cosas? ¿Es la misma cantidad de tiempo que pasas actuando? No, no lo es. Tienes que tener objetivos específicos para aumentar tu motivación y pasar a la acción. Una vez que hayas escrito tus objetivos, crearás una sensación de urgencia que te hará acercarte a alcanzarlos.

ENFRÉNTATE A TUS MIEDOS

Esto no quiere decir que tengas que vencer todos los miedos que experimentes. Si tienes miedo al frío, no será un gran problema si vives en Hawai. Puede convertirse en un problema si te mudas a Alaska.

. . .

Tienes que tener una conversación contigo mismo y hablar de las cosas que tus miedos te impiden hacer. Averigua si se trata de un problema al que vas a tener que enfrentarte.

¿Estás viviendo una vida que no es tan satisfactoria como esperabas? ¿Son tus miedos los que te impiden hacerlo?

Piensa en los contras y los pros de lo que pasaría si no te enfrentaras a tus miedos. Escríbelos todos. A continuación, busca los contras y los pros de lo que podría ocurrir si te enfrentas a tus miedos. Escribe lo que podrías conseguir y las formas en que tu vida podría ser diferente.

Lee esta lista una y otra vez para ayudarte a tomar la mejor decisión sobre lo que debes hacer a continuación. Si tomas la decisión de seguir adelante, la mejor manera de superar tu miedo es enfrentarte a él. Es importante que lo hagas de una forma sana que te ayude a superar tus miedos en lugar de hacerlo de forma que te traumatice.

Encuentre el nivel de riesgo

A veces, el miedo consiste simplemente en no saber a qué se teme. Puede que tengas miedo a volar porque oyes hablar mucho de accidentes aéreos. Si realmente miras las estadísticas, te darás cuenta de que la probabilidad de morir en un avión es sólo una entre siete millones.

Podrías aprender más sobre lo que causa esas sacudidas y golpes cuando el avión experimenta turbulencias.
 Se trata simplemente del movimiento del aire que hace que el avión se mueva. Si estás bien abrochado, esto supone muy poco peligro.

Miedos como el de tener miedo a hablar delante de los demás no tienen ninguna estadística que te ayude a conocer mejor los riesgos a los que te enfrentas. Puedes leer sobre los emprendimientos de personas exitosas frente a una multitud. Podrías aprender más sobre sus estrategias para sentirte más seguro.

Recuerda que sólo porque algo te haga sentir miedo, no significa que sea realmente arriesgado. Infórmate sobre los riesgos y los hechos a los que realmente te enfrentas al hacer lo que te asusta.

BUSCAR AYUDA PROFESIONAL

La clave principal para enfrentarse a los miedos es ir paso a paso. Si vas demasiado deprisa o haces algo que te asusta antes de estar preparado, podría volverse en tu contra. Es muy importante avanzar. Tener una cantidad moderada de ansiedad es normal. No hay que esperar a avanzar hasta que la ansiedad desaparezca.

La forma más fácil de crear un plan es elaborar una "jerarquía del miedo" compuesta por pasos de bebé. Mira este ejemplo sobre cómo podrías enfrentarte a tu miedo a hablar en público. Se trata de utilizar la terapia de exposición y dar un paso a la vez:

- Ponte frente a un espejo y habla contigo mismo durante dos minutos.
- Grabarte a ti mismo hablando y luego verlo
- Practique su discurso con su cónyuge
- Practique su discurso con un miembro de la familia y con su cónyuge
- Practica tu discurso con un amigo, un familiar y tu cónyuge
- Practica tu discurso con dos amigos, un familiar y tu cónyuge.
- Dar un discurso durante una reunión de trabajo

Si no puedes hacer lo que te asusta en un vuelo de práctica, podrías utilizar la exposición imaginaria. Es difícil practicar el vuelo en un avión haciendo los pasos anteriores.

Puedes inducirte algo de ansiedad imaginándote a ti mismo entrando en un avión. Piensa en cómo te sentirás cuando te sientes en tu asiento. Piensa en cómo podrías comportarte cuando el avión despegue.

Puedes ver algunos vídeos sobre aviones o aparcar cerca de un aeropuerto donde puedas ver cómo despegan y aterrizan los aviones. Aprender más sobre los aviones y estar cerca de ellos podría ayudar a aliviar su miedo con el tiempo.

El tratamiento de realidad virtual podría ser una opción para darle una terapia de exposición. Este tipo de tratamiento ha ayudado a tratar el TEPT (trastorno de estrés postraumático).

Si hay una fobia específica que te atormenta, puede que no seas capaz de superarla por ti mismo. Si estos miedos son debilitantes o no tienes mucho éxito al enfrentarte a ellos por ti mismo, busca ayuda profesional.

Un terapeuta especializado en terapia cognitivo-conductual podría ayudarle a vencer sus miedos paso a paso. Muchos profesionales pueden tratar diversas fobias que van desde el miedo a las serpientes hasta el miedo a los espacios abiertos.

Si tienes un historial de traumas que te causan miedo, tienes que considerar realmente la posibilidad de buscar un terapeuta. El TEPT puede desempeñar un papel muy importante en tus miedos.

El tratamiento puede consistir en hablar de nuestros miedos, practicar algunas estrategias de relajación y manejar la ansiedad mientras te enfrentas a tus miedos.

Un terapeuta puede ayudarte a continuar a un ritmo que sea saludable y cómodo para ti.

HAZ LAS COSAS QUE TE GUSTAN

¿Has estado viviendo con el piloto automático? ¿Te levantas cada día sabiendo cómo será tu vida diaria, mensual y anual? ¿Te sientes infeliz, aburrido o sueñas despierto con tener más?

¿Te ves viviendo a través de la vida de otras personas?

¿Piensas a menudo: "Esto es todo lo que hay? ¿Es esto todo lo que estoy destinado a ser?". Si es así, es hora de hacer un cambio, ya sea pequeño o grande.

Todo el mundo puede tener un gran impacto en el mundo.

. . .

Para lograr un impacto, tienes que adaptarte y hacer cambios a medida que la vida sucede a tu alrededor. Con todos estos cambios llegará una mezcla de ansiedad, tristeza, miedo, emoción y felicidad. No permitas que el miedo a trabajar duro o a fracasar se interponga en tu camino a la hora de tomar decisiones.

Tienes que aceptar todas las emociones negativas y verlas como una forma de aprender y crecer. Piensa y recuérdate continuamente las razones por las que el cambio será bueno para ti, como:

Podrías inspirar a otros

El cambio es un efecto dominó. La mayoría de la gente se levanta cada día y sigue su rutina normal porque todo el mundo hace lo mismo. Levantarse, ir a trabajar, comer, volver a casa, cenar, ir a dormir, levantarse, ir a trabajar, comer, volver a casa, cenar, ir a dormir… Esto se convierte en su ciclo interminable. Han empezado a creer que esto es la norma, y que tienen que seguir viviendo su vida de una manera determinada. A la gente le gusta hablar de sus sueños, hacer cambios, aunque sean extremadamente pequeños, pero la mayoría de la gente nunca se compromete a hacer estos cambios debido a todo el trabajo duro, el juicio, el miedo, etc. Si una sola persona ve a otra haciendo un cambio, dando un salto de fe, o teniendo éxito, entonces podría decidir hacerlo también. La gente tiene que sentirse inspirada. Tenemos la capacidad de hacer eso por los demás.

Nunca tendrás lo que quieres si no vas a por ello. La respuesta siempre será no si no te haces la pregunta correcta. Siempre estarás en el mismo lugar si no avanzas.

El cambio puede dar miedo. Algo que da aún más miedo es mirar atrás y arrepentirse de no haber hecho ningún cambio. No hay nada más importante que vivir una vida de la que te sientas orgulloso. Tienes que hacerte estas preguntas:

- ¿Soy feliz haciendo lo que hago?
- ¿Estas cosas mejoran mi vida?
- ¿Me gusta despertarme cada mañana?

Si no puedes responder afirmativamente a todas estas preguntas, tienes que encontrar la fuerza para hacer cambios y empezar cosas nuevas.

Puedes intentar planificar tu camino en la vida. Tienes que saber que las cosas van a suceder, y que puede que te desvíen. Hay que esperar lo inesperado.

. . .

Experimentar la verdadera felicidad

Si haces lo que te gusta, vas a ser mucho más feliz. No digo que no vaya a haber días y momentos difíciles en tu camino.

Incluso si te encuentras con dificultades, tienes la capacidad de trabajar más fácilmente ya que es algo que te apasiona.

Te resultará más fácil levantarte y prepararte para el trabajo cuando vayas a un lugar en el que quieras estar. Si haces lo que te gusta, ni siquiera vas a sentir que estás trabajando. Vas a estar concentrado. Serás capaz de estar plenamente en el momento ya que tu mente no va a estar divagando y pensando en cosas mejores. Tus conversaciones y sonrisas serán genuinas, y atraerás a personas más felices.

Conocer gente nueva

No importa dónde vayas en la vida, vas a conocer a gente nueva. Inspiradores, humildes, egoístas, introvertidos, despistados, educados, malhumorados, testarudos, negativos, motivados, perezosos, enérgicos, en forma, despreocupados, políticos, miserables, felices, enfermos, sanos... esta lista puede ser interminable. Por no hablar de todas las personas de diferentes orígenes y culturas educativas y religiosas. La diversidad de las personas en este mundo es asombrosa. Con demasiada frecuencia nos quedamos atrapados en nuestros pequeños mundos y nos volvemos estrechos de miras.

Cuando ampliamos este mundo, nos abrimos a aprender más, a desafiar nuestros pensamientos y a ampliar nuestra red.

Aprender cosas nuevas

Si te has graduado o estás a punto de hacerlo, probablemente ya estés pensando en empezar tu "carrera". Una vez que tengas un trabajo, no significa que tengas que dejar de aprender. Aprendemos durante toda nuestra vida. Todo el mundo nace con una mente curiosa. De hecho, nuestros cerebros anhelan nuevos conocimientos e información. Es importante que no dejemos nunca de buscar cosas nuevas, investigar, leer o hacer preguntas.

Elige una carrera que sepas que te va a encantar. Si ya estás trabajando y no te gusta tu trabajo, cámbialo. Hacer las cosas que te gustan te va a abrir oportunidades y puertas que te permitirán conocer gente nueva y crear nuevos ambientes. Te ayudará a aprender sobre el mundo y la gente que te rodea. Puedes hacerlo mientras aprendes más sobre ti mismo:

- ¿Qué te hace salir de la cama?
- ¿Qué le impulsa a hacerlo mejor?
- ¿Cuáles son sus talentos y puntos fuertes?

- ¿Cuál es su objetivo?
- ¿Qué le apasiona?

Cuando respondas a las preguntas anteriores, podrás averiguar qué carrera es la mejor para ti y qué te hace realmente feliz. Puede que tengas que buscar alguna carrera diferente o hacer varios cambios de trabajo antes de encontrar la "única", pero merecerá la pena.

Acepta el reto

Cuando salgas de tu zona de confort, estarás desafiándote a ti mismo y dejando atrás lo que conoces. Está bien cerrar puertas en tu camino. No es por arrogancia, incapacidad u orgullo, sino simplemente porque no te llevan a ninguna parte. Si sientes que necesitas un reto y quieres esforzarte, un cambio de carrera o de escenario puede ser la respuesta.

Puede que tengas que volver a estudiar, matricularte en algo nuevo o dar un salto de fe y hacer algo que no necesite ese título que tanto te costó conseguir.

Cuando te sitúas en un nuevo entorno, con nuevas pautas y reglas, rodeado de gente nueva, te estás abriendo a nuevas oportunidades. Tus pensamientos y opiniones van a ser desafiados a través del aprendizaje y la conversación. No vas a conocer tus verdaderas capacidades hasta que te pongas en una situación que te desafíe constantemente. Pueden surgir ideas. Puede que te lleven a lugares o cosas que no creías posibles sólo porque te has desafiado a ti mismo.

Si no te desafía, no te cambia.

VISUALIZAR

La visualización creativa es una técnica que te hace utilizar tu imaginación para hacer realidad tus objetivos y sueños. Si la utilizas de forma correcta, puede mejorar tu vida y traer prosperidad y éxito.

Este poder puede cambiar tus circunstancias y tu entorno. Puede hacer que las cosas sucedan. Puede atraer a tu vida amor, personas, trabajo, posesiones y dinero. La visualización utiliza el poder de tu mente. Es el poder que impulsa el éxito.

Cuando visualizas un acontecimiento, lo estás atrayendo a tu vida. Este proceso es casi como soñar despierto. Esto puede parecer un poco de magia, pero técnicamente no hay una pizca de magia en el trabajo; es sólo un proceso natural de los pensamientos, el poder y las leyes naturales.

. . .

Hay personas que lo utilizan a diario. Ni siquiera son conscientes de que están utilizando algún tipo de poder. Todas las personas de éxito lo utilizan tanto inconsciente como conscientemente. Atraen todo el éxito que desean con sólo visualizar que sus objetivos ya se han cumplido.

El poder de los pensamientos

Nuestra mente subconsciente acepta todos los pensamientos que repetimos y cambia nuestra mentalidad, junto con nuestras acciones y hábitos.

Las acciones, los hábitos y el cambio de mentalidad te llevan a nuevas circunstancias, situaciones y personas que te ayudarán a alcanzar los objetivos que deseas. Los pensamientos están llenos de poderes creativos que atraen y moldean tu vida. Te traerán todo lo que pienses.

Los pensamientos pueden viajar de una persona a otra. Si estos pensamientos son lo suficientemente fuertes, pueden ser recogidos por otras personas que podrían estar en posición de ayudarte a alcanzar tus objetivos y deseos.

Cada persona en este planeta es una parte del Poder Divino que ayudó a crear el universo, y esto significa que participamos en la creación. Cuando piensas en las cosas de esta manera, tiene todo el sentido que los pensamientos puedan materializarse.

Detente y piensa en eso por un minuto. Eres parte de un gran Poder Universal. Esto significa simplemente que los pensamientos se hacen realidad. No todos los pensamientos, sino los que están enfocados, repetidos y bien definidos.

Los pensamientos son energía, concretamente un pensamiento enfocado que se ha formado con mucha energía emocional. Los pensamientos pueden cambiar la energía que nos rodea. Pueden provocar cambios en el entorno que nos rodea.

Muchas personas repiten a menudo pensamientos específicos en su mente. Centran estos pensamientos en su situación o entorno y así crean las mismas circunstancias y eventos una y otra vez.

Esto preserva su mundo. Es similar a ver el mismo programa de televisión o película constantemente. Hay buenas noticias. Usted puede cambiar esa película con sólo cambiar sus pensamientos. Puedes imaginar una situación o circunstancia diferente y así crear una realidad diferente.

. . .

Cuando cambias tus imágenes mentales y tus pensamientos, cambias tu realidad. No estás usando poderes sobrenaturales o magia; sólo estás usando las leyes naturales y los poderes que todo el mundo tiene. No son cosas materiales las que estás cambiando. Sólo vas a cambiar tu actitud y tus pensamientos porque ellos pueden remodelar y cambiar tu mundo.

Mira este ejemplo: Supongamos que vives en un apartamento minúsculo y que necesitas uno más grande.

No te quedes sentado rumiando tu falta de dinero y tu destino. Cambia tu actitud y tus pensamientos e imagínate en un apartamento más grande. Esto no es tan difícil de hacer. Es muy parecido a soñar despierto.

Deshacerse del pensamiento limitado

La visualización hace grandes cosas. Todo el mundo en este mundo tendrá ciertas áreas en sus vidas en las que les resulta difícil hacer un cambio. La visualización es poderosa. Hay algunos límites para usarla. Los límites están dentro de nosotros y no dentro del poder.

Normalmente nos limitamos y no podemos ver más allá de ese círculo limitado. Estos límites los provocamos con nuestras creencias y pensamientos. Esto nos limita en la vida que conocemos. Cuando aprendemos a tener la mente abierta y nos atrevemos a pensar en grande, nuestras posibilidades y oportunidades son mayores. Las limitaciones sólo están en nuestra mente. Tenemos que ser más fuertes y superarlas.

Puede pasar tiempo antes de que notes algún cambio. Las demostraciones pequeñas y sencillas pueden llegar rápidamente, mientras que los resultados más grandes pueden tardar en llegar. El esfuerzo y el tiempo que dediques van a merecer la pena. Ten paciencia y fe y los resultados empezarán a aparecer.

Es tan fácil entrar en la rutina y sentirse cómodo con cómo son las cosas. Si tu vida laboral y tu vida familiar son buenas, ¿por qué razón ibas a cambiarlas y arriesgarte a que las cosas fueran mal? Pensamos que tenemos que empujarnos a nosotros mismos para ampliar nuestros horizontes con el fin de mejorar cada día en cualquier cosa que tengamos que hacer para crecer.

Cuando decides superar tu zona de confort, no es necesario que sea algo extremo, como hacer comida gourmet o emprender un proyecto del que no sabes nada. La zona que necesitas encontrar se llama zona de "ansiedad óptima".

Esta zona es donde tus habilidades aumentarán, serás más productivo y estarás más alerta. Si la ansiedad y la incomodidad son demasiado elevadas, no vas a ser productivo y puede que te desconectes.

. . .

Para acostumbrarte a salir de tu zona de confort, prueba estos pequeños pasos:
- Lee un tema sobre algo que no conozcas
- Haz algo espontáneo y divertido
- Salir con alguien que sea tu opuesto total
- Conduce por una ruta diferente para ir al trabajo
- Prueba nuevos alimentos

Cuando sales de tu zona de confort, te vuelves más productivo. Incluso puede despertar tu creatividad y hacerte más flexible cuando ocurren cosas inesperadas. Aprender cosas nuevas en la vida también puede hacerte más feliz.

La ciencia detrás de la zona de confort

Tu zona de confort es un espacio en el que tus comportamientos y actividades encajan en un patrón y una rutina que minimiza el riesgo y el estrés. Te da seguridad mental. Te beneficias de algunas formas obvias: reducción del estrés, baja ansiedad y felicidad.

Estar en un estado de confort puede crear un nivel de rendimiento estable. Si quieres maximizar tu rendimiento, necesitas estar en un estado de ansiedad. Este es un espacio en el que tus niveles de estrés están justo por encima de lo normal. Como ya se ha dicho, si nos sometemos a demasiada ansiedad, puede ser contraproducente y tu rendimiento bajará bastante. Si te presionas demasiado, podría crear un resultado negativo. Refuerza la idea de que desafiarse a uno mismo es malo. La naturaleza humana es permanecer en nuestra zona de confort sin ansiedad.

Una zona de confort no es mala ni buena. Es un estado normal hacia el que se mueven muchas personas.

Salir de ella significa un aumento de la ansiedad y el riesgo que podría tener resultados tanto negativos como positivos.

Don ' t mirar su zona de confort como un lugar que le impide tener éxito. Todo el mundo necesita un espacio en el que no estemos estresados o ansiosos para poder procesar todos los beneficios que se producen cuando salimos de esa zona.

Lo que ocurre cuando pruebas cosas nuevas

" La "ansiedad óptima" es un lugar en el que tu rendimiento y productividad han alcanzado su punto máximo. Mucha gente piensa que la mejora de la productividad y el aumento del rendimiento significan simplemente más cosas que hacer.

. . .

¿Qué ocurre en realidad cuando finalmente sales de tu zona de confort?

- Serás más creativo y tendrás una mejor lluvia de ideas

Esto no es un gran beneficio, pero es sabido que cuando buscamos nuevas experiencias, aprendemos nuevas habilidades y abrimos las puertas a nuevas ideas, nos educamos e inspiramos de una manera que nada más nos daría. Cuando probamos cosas nuevas, tenemos que pararnos a pensar en las viejas ideas y en cómo chocan con los nuevos conocimientos. Esto nos inspira a aprender más y a desafiarnos a nosotros mismos. Nos gusta encontrar información con la que ya estamos de acuerdo. Una experiencia incómoda puede ayudarnos a tener una lluvia de ideas, a ver los viejos patrones de una forma nueva y a afrontar cualquier reto que se nos presente.

- Será más fácil superar los límites

Cuando empiezas a salir de tu zona de confort, cuanto más lo haces, más fácil te resulta. A medida que empieces a salir de tu zona de confort, te acostumbrarás más a estar en un estado de ansiedad óptimo. Algunas personas lo llaman "malestar productivo". Esto se convertirá en algo normal para ti y estarás dispuesto a exigirte más antes de que tu rendimiento se detenga.

. . .

- Puedes manejar mejor los cambios inesperados

Lo peor que puedes hacer es fingir que la incertidumbre y el miedo no existen. Cuando te arriesgas y te desafías a hacer cosas que normalmente no haces, puedes experimentar algo de incertidumbre en un entorno controlado.

Vivir fuera de tu zona de confort cuando lo desees puede ayudarte a prepararte para los cambios en la vida que te obligarán a salir de ella.

- Serás productivo

La comodidad puede acabar con tu productividad porque si no tenemos una sensación de inquietud, que se produce por el cumplimiento de las expectativas y los plazos, normalmente nos limitamos a hacer lo mínimo posible para salir adelante. Perderemos la ambición y el impulso de aprender cosas nuevas. También podemos caer en una trampa en el trabajo en la que fingimos estar ocupados para permanecer dentro de nuestra zona de confort, de modo que no tenemos que hacer nada nuevo. Cuando se superan los límites personales, se encuentran mejores formas de trabajar, se hacen más cosas y se alcanza el éxito.

Conclusión

Ahora comprendes que la felicidad es un proceso que requiere ser responsable, paciente y hasta ingenioso. Nada cae de los árboles, pero si quieres un buen vaso de limonada durante el verano, asegúrate de trabajar la tierra y cuidar la semilla desde el invierno.

Siempre es el momento idóneo para comenzar a ser feliz, lo que significa que debes tomar la decisión de tomar el control y hacer los cambios necesarios en tu vida para adentrarte en un sentimiento duradero. Mucha gente desiste de ser felices para simplemente estar contentos. Tú no quieres eso. Tú no mereces eso. Debes ir por más, pero ten en cuenta que eso significa que deberás poner más de tu parte. Al fin y al cabo, quien más beneficio recibirá eres tú.

Si tú eres más feliz, las personas a tu alrededor podrían ser más felices también. ¿Te has preguntado si las personas que están en tu vida agradecen por tu felicidad?

Conclusión

Quizá sea hora de devolver el favor de su cuidado y comenzar a quererte por quien eres para agradecer con el mismo grado de amor y cuidado.

Espero que este libro te haya sido de utilidad. Recuerda que la ayuda profesional puede asesorarte en tu camino hacia uno de los sentimientos más importantes que conoce la humanidad.

www.ingramcontent.com/pod-product-compliance
Lightning Source LLC
Chambersburg PA
CBHW072016070526
44583CB00015B/1507